«Al haber pasado de marginal a [...] objeto de instrumentalización y abuso. ¡Muchos de nosotros sabemos lo suficiente para ser peligrosos! El reciente trabajo de AJ es sin duda el mejor recurso que conozco para el Eneagrama y la formación espiritual. Si el Eneagrama es un mapa para el viaje espiritual de los distintos tipos de personalidad, el guía más sabio y agradable para el camino es AJ. Nadie que no quiera cambiar debe leer este libro; y todo el que tenga un profundo anhelo por ser transformado para ser como Jesús debe leer este libro».

—**John Mark Comer**, pastor de enseñanza y visión en Bridgetown Church; autor de *The Ruthless Elimination of Hurry*

«AJ Sherrill rescata magistralmente el Eneagrama de los errores gemelos de ser lo máximo en el conocimiento de uno mismo y de reducirlo a un juego de salón. Con *El camino de regreso a Él*, AJ nos ayuda a ver el Eneagrama como una herramienta poderosa en la labor de seguir a Cristo y ser formado conforme a su semejanza. Partiendo de las Escrituras, de la historia de la iglesia, de la cultura y la sabiduría de cada rincón, AJ aporta una aguda perspicacia y un lenguaje extremadamente útil a todo este diálogo. Más que meras ideas, ofrece un conjunto de prácticas concretas para cada tipo, para ayudarnos a plasmar la invitación en nuestras vidas, relaciones, cuerpos y en todo nuestro ser».

—**Aaron Niequist**, liturgista; autor de *The Eternal Current*

«¡AJ Sherrill lo ha conseguido! Por fin, una forma de dotar al Eneagrama de recursos para un discipulado significativo. Por medio de una sana sabiduría y de invitaciones regulares a la reflexión y la práctica, AJ llama a los lectores a examinar la plenitud del propósito de Dios al crearlos y a profundizar en la vida con Cristo. Trabajando junto a AJ, he visto cómo él vive estas invitaciones en tiempo real: en su liderazgo en la iglesia, sus relaciones personales y su propia formación espiritual. Conoce una valiosa verdad y la ha compartido generosamente con todos nosotros: independientemente de lo únicos que nos haya hecho Dios, es posible una mayor transformación y una vida más profunda en Cristo. Por eso este libro hay que leerlo, hay que compartirlo y hay que vivirlo».

—**Ashlee Eiland**, pastora de formación y predicación de Mars Hill Bible Church; autora de *Human (Kind)*

«Mucho de lo que aprendemos del Eneagrama sobre nosotros mismos y las personas que amamos se limita a la mera consciencia de uno mismo, que puede fácilmente convertirse en otro ejercicio de mirarse el ombligo. Afortunadamente, AJ Sherrill profundiza en nuestros esfuerzos y los amplía, revelando cómo podemos utilizar la sabiduría del Eneagrama para acercarnos al corazón de Dios. El trabajo de AJ al equipar a nuestros pastores y personal con las lecciones y herramientas que se encuentran en *El camino de regreso a Él* contribuyó de forma inmediata y poderosa a nuestro desarrollo. Y lo mismo hará contigo».

—**Sean Palmer**, pastor y formador en oratoria; autor de *Forty Days on Being a Three (Enneagram Daily Reflections)* y *Unarmed Empire: In Search of Beloved Community*

«La popularidad del Eneagrama ha generado tanto críticos como entusiastas en la iglesia. AJ Sherrill conecta de forma ingeniosa la tipología del Eneagrama con las Escrituras, la teología y el discipulado cristiano. Este recurso esencial ayudará a los lectores a apreciar cómo la personalidad da forma a su viaje de fe».

—**Mark Scandrette**, profesor adjunto del Seminario Teológico Fuller; autor de *Practicing the Way of Jesus*

«Estoy profundamente agradecido por el liderazgo reflexivo de AJ y su compromiso con la formación de las personas en el camino de Jesús. Aporta toda la fuerza de su pensamiento en torno al discipulado y la formación espiritual para que el Eneagrama pase de ser una mera construcción a un recurso para el discipulado. Recomiendo este libro como herramienta útil y práctica en este debate».

—**Jon Tyson,** pastor principal de Church of the City New York; autor de *Beautiful Resistance*

«Hay varios libros sobre el Eneagrama, muchos de ellos no profundizan lo suficiente en la formación espiritual. Estoy agradecido de tener por fin uno que no se queda en la superficie y llama a los cristianos a la transformación personal. Este libro es un pozo de sabiduría que nos muestra cómo conocernos a nosotros mismos puede, de hecho, hacernos más semejantes a Jesús. Lo recomiendo encarecidamente a todos los que busquen una introducción al Eneagrama centrado en Cristo que les ayude a profundizar en su fe».

—**Winfield Bevins** autor de *Ever Ancient, Ever New*

EL CAMINO DE
REGRESO A ÉL

CÓMO EL **ENEAGRAMA** NOS DIRIGE HACIA LA TRANSFORMACIÓN
ESPIRITUAL Y A NUESTRA VERDADERA IDENTIDAD.

IDENTIDAD   PERSONALIDAD   DONES Y FRUTOS

A J SHERRILL

 Vida

La misión de Editorial Vida es ser la compañía líder en satisfacer las necesidades de las personas con recursos cuyo contenido glorifique al Señor Jesucristo y promueva principios bíblicos.

Para esos discípulos que no se conforman
con tener una fe superficial

contenido

En Cristo, tú eres el amado.

Creo que esto es lo que AJ Sherrill quiere que sepas, que sientas, que experimentes, que creas en lo más profundo de tu alma. Y presenta este sistema único de tipificación del Eneagrama como una herramienta útil para descubrir tu identidad más profunda.

Ahora bien, como aclarará AJ, tú no eres tu eneatipo, como tampoco eres, en el fondo, un carnicero, un panadero o un fabricante de velas. El nombre de tu trabajo no te define. Tu trastorno emocional según el DSM-5 no te define. Ni siquiera tu género te define. No, tú eres un ser amado y portador de su imagen, en quien Dios se deleita.

Pero hay descriptores y diagnósticos particulares que nos ayudan a reconocer patrones de personalidad e inclinaciones que nublan nuestro sentido de identidad como personas amadas por Dios. Nuestra personalidad se desarrolla en el crisol de las experiencias de la temprana infancia, y aprendemos a desenvolvernos —a menudo de forma dolorosamente estéril— en un mundo roto. AJ presenta el Eneagrama como una herramienta de diagnóstico para excavar una pequeña muestra de nuestro lío interior. Les recuerda a sus lectores que «el

prólogo   chuck degroat

Eneagrama no es una herramienta de la Nueva Era. Tampoco es una herramienta "cristiana". El Eneagrama es una herramienta *humana*». Por ello, es una herramienta universal que nos ayuda a crecer.

Aprecio este libro por su decidida sencillez. AJ quiere que crezcas, que madures y que descubras prácticas que fomenten esa labor. El Eneagrama es una herramienta que ayuda a una especie de excavación arqueológica del alma. La autora judía holandesa Etty Hillesum, cuya preciosa vida se vio truncada a los veintinueve años en los campos de exterminio de Auschwitz, persiguió implacablemente hasta su último aliento una vida de (¡llegar a ser!) la persona amada. Poco antes de morir, escribió: «Hay un pozo muy profundo en mi interior. Y en él habita Dios. A veces yo también estoy ahí. Pero lo más frecuente es que las piedras y la arena bloqueen el pozo, y que Dios quede enterrado debajo. Entonces hay que desenterrarlo de nuevo».[1] Su valentía frente a un mal indecible me inspira para mi labor.

AJ nos da herramientas para excavar, para escarbar entre las piedras y la arena que cubren nuestra profunda belleza. Ofrece prácticas naturales de descenso corriente abajo para cada tipo junto con desafiantes prácticas de ascenso contra corriente. No teme mencionar nuestra resistencia a la vida de ser la persona amada, y para ello identifica los obstáculos principales de cada tipo. Pero también nos da un camino de base práctica para cumplir nuestros más altos objetivos. Si sigue el camino que él traza, el lector identificará prácticas y hábitos que sirven de caldo de cultivo para el florecimiento personal y la alegría. Una contribución significativa es una «regla de vida» guiada que cada lector puede seguir en su travesía por el camino de regreso a casa con Dios, a una vida de ser la persona amada.

¿Por qué aparece este libro sobre el Eneagrama cuando parece haber tantas opciones? AJ no quería ofrecer una réplica de otros libros, sino que anhelaba presentarle al mundo un camino de discipulado para cualquier persona hambrienta y sedienta de vida, de alegría, de descanso en una identidad que no se puede fabricar ni conseguir. Él anhela que sepas que eres la persona amada por Dios. Te invito a aceptar su ofrecimiento. En estas páginas puedes encontrar la hoja de ruta fiable que necesitas. Estoy muy agradecido de que lo haya escrito.

¿Cuándo fue la última vez que quedaste totalmente cautivado, atrapado en un momento sobre el que más tarde reflexionarías para darte cuenta de que había alterado para siempre el curso de tu vida?

Nunca olvidaré un momento de esos, fue en la primavera de 2013. Mientras pronunciaba la palabra de cinco sílabas, se inclinó para acariciar a su vieja labradora negra, Venus. *Espera, rebobina*, pensé en silencio. El vocabulario era mi sección favorita en las clases de Lengua, pero nunca había escuchado esta palabra. Me daba demasiada vergüenza levantar la mano, pero no tenía ni idea de lo que significaba la palabra que acababa de pronunciar. Me incliné hacia mi amigo Mark y le pregunté: «¿Ha dicho «pentagrama»?». «No —respondió Mark—. El padre Rohr ha dicho "Eneagrama"».

Eso es lo que creí haber oído, pero este tema era territorio extraño en mi cabeza de treinta y tres años.

Recapitulemos. Mark Scandrette y yo estábamos pasando la semana estudiando en casa del padre Richard Rohr, un monje franciscano y escritor. El padre Rohr estaba probando su más reciente material para la escuela que estaba creando, y nosotros estábamos deseosos de aprender, sentados a sus pies junto a su perra, Venus. A lo largo de la hora siguiente, el padre Rohr habló con soltura sobre la teoría del Eneagrama. Yo estaba embelesado. Su comprensión de la psicología (en concreto, de la personalidad) resultaba increíblemente práctica. Poco imaginaba yo que esa hora iba a cambiar el curso de mis estudios.

El don de conocerse a uno mismo

La palabra «Eneagrama» significa en griego «diagrama de nueve». Es una teoría de la personalidad que consiste en nueve tipos diferentes. Algunos se refieren a esta teoría como las «caras del alma».[1] El verdadero don de esta teoría de la personalidad es el conocimiento de uno mismo. El conocimiento de uno mismo es la puerta de entrada a casi todas las transformaciones vitales. Aunque no es algo que te dé la salvación, el conocerse a uno mismo tiene una utilidad importantísima en nuestro esfuerzo por un crecimiento transformador. Como Rohr y Andreas Ebert escriben en *The Enneagram: A Christian Perspective:* «El don que nos brinda el Eneagrama es el conocerse a uno mismo o tener consciencia de uno mismo. Con el conocimiento de uno mismo, el individuo puede pasar a la búsqueda de la obra interior, algo que a menudo resulta doloroso».[2] Las epístolas del Nuevo Testamento hacen amplia referencia a la necesidad de una madurez continua, de un viaje de transformación. El Eneagrama es una de las mejores herramientas que ofrece el siglo veintiuno a los cristianos que se toman en serio este viaje. El Eneagrama es una teoría que produce consciencia de uno mismo al proporcionar una ventana hacia uno mismo, un medio para observar las motivaciones y los miedos propios. Con esta crítica comprensión de uno mismo se pueden orientar las prácticas diarias y los ritmos regulares con la posibilidad de transformarse a la semejanza de Cristo.

Los orígenes del Eneagrama son objeto de debate. Nadie sabe con precisión cuándo y dónde se originó. (Y, si alguien dice que lo sabe, no lo creas). La teoría de la personalidad con que contamos hoy se ha desarrollado a lo largo de siglos y en muchas culturas. Algunos lo conectan con los antiguos sufís, mientras que otros consideran que sus antecesores son los monjes del desierto de las primeras épocas del cristianismo. (En el Apéndice hay más información sobre sus orígenes). Quienes quizá desconfíen del Eneagrama harían bien en tomar en cuenta que muchos de los temas centrales que hoy constituyen la base del Eneagrama fueron temas que los padres del desierto consideraron provechosos, por lo que debemos tener cuidado de no precipitarnos al desacreditar la teoría antes de examinar sus frutos.

El predicador y teólogo episcopal Fleming Rutledge me dijo una vez: «Para los episcopales, el Eneagrama es astrología». Su argumento es, creo yo, que, cuando priorizamos el Eneagrama como algo crucial para la vida cristiana, hemos perdido el norte. Entendido; el Eneagrama es útil, pero no es esencial para el desarrollo humano.

Sin embargo, muchos lo encuentran provechoso. Por eso es importante tener presentes los dos grupos que descartan el Eneagrama por diferentes razones.

Primero están los progresistas escépticos (los primeros en probarlo): se burlan del Eneagrama porque entró en la corriente evangélica hace poco tiempo. A estos escépticos les digo: plantéense la posibilidad de que estén sufriendo de esnobismo cronológico y de que el Eneagrama que hoy desprecian sea la misma herramienta que consideraban sagrada no hace mucho.

En segundo lugar están los que descartan esta herramienta por miedo o ignorancia: a menudo confunden el Eneagrama con el iluminismo de la Nueva Era (o algo así). Este grupo de denostadores, a menudo cristianos conservadores, le atribuye demasiado a una herramienta que solo pretende ser un filtro que nos ayude a tener una mayor consciencia de nosotros mismos. El Eneagrama no es una herramienta de la Nueva Era. Tampoco es una herramienta «cristiana». El Eneagrama es una herramienta *humana*. Piensa en el Eneagrama como pensamos en el dinero. El dinero es una herramienta. No es malo ni bueno. El dinero es neutral. Todo depende de cómo lo uses. Independientemente de su raza, religión, género, cultura, nivel socioeconómico u orientación, el Eneagrama puede ser útil para cualquier persona en cualquier lugar.

Aunque no es distintivamente cristiano, el Eneagrama puede ser útil para cultivar la vida cristiana. Eso es lo que nos proponemos en este libro.

La gente a menudo me pregunta cómo defiendo el Eneagrama contra tales acusaciones. Les digo que no se dejen llevar al terreno de defenderlo. Uno lo encuentra útil o no. No es algo que salve ni que destruya las almas. Es tan solo una herramienta. Desde ese punto de vista, se puede usar de la misma manera que Pablo usó la idea de un «dios desconocido» en Hechos 17 para mover a sus oyentes a aceptar las afirmaciones del evangelio. Dios usa hasta el más mínimo detalle. Si Dios puede usar la idea de un dios desconocido para engrandecer el nombre de Jesús, seguro que puede usar el Eneagrama.

Suscribo las palabras de la pastora y escritora Adele Calhoun sobre el Eneagrama: «No es Jesús». No es la solución a los enigmas de la vida. No es el decodificador de los misterios profundos. No es «conseguir ya la mejor versión de tu vida».

Pero, como herramienta, ha demostrado ser increíblemente útil para revelar qué es lo que motiva nuestra conducta como seres humanos y para mostrar si nuestras elecciones nos conducen a la salud y la plenitud.

Realidad aumentada

El Eneagrama actúa como una lente, una especie de realidad aumentada, por así decirlo. No es lo mismo que la realidad virtual. En la realidad virtual, uno se coloca un aparato y es transportado mediante su vista a un contexto diferente. La realidad virtual nos lleva a la fantasía. La realidad aumentada, en lugar de sacarte de tu contexto, tiene el objetivo de aportar información útil sobre el contexto real en que estás. Así que piensa en el Eneagrama como un par de gafas de realidad aumentada. Al ponérnoslas, empezamos a ver nuestra vida a través de una lente. Dicha lente nos ayuda a ser cada vez más conscientes de qué es lo que motiva nuestras acciones, a la vez que nos hace entender que las personas de nuestro alrededor pueden estar motivadas de forma diferente a nosotros. Esto significa que el Eneagrama, cuando se utiliza correctamente como una lente, puede aumentar nuestra consciencia de nosotros mismos y fomentar la compasión por los demás. Es obvio, pues, por qué el Eneagrama puede ser útil en las relaciones familiares, el matrimonio, el liderazgo y el crecimiento personal.

Como lente, el Eneagrama nos ayuda a fijarnos en nuestros patrones de comportamiento. Los nueve tipos de personalidad del Eneagrama, los eneatipos, recogen los patrones básicos por defecto de la personalidad humana. Todos tenemos en nuestro interior los nueve tipos, pero cada uno de nosotros tiende hacia un tipo más que hacia los otros. Este es el «tipo dominante» o «personalidad dominante». Los que están bien versados en el Eneagrama verán que en el texto principal de este libro no usamos conceptos complicados como alas, tríadas, subtipos y otros aspectos de la teoría que la hacen maravillosamente compleja. En el Apéndice he incluido algún material resumido sobre estos temas, así como recursos para explorar estos matices con más detalle. El propósito de este libro es explorar un conocimiento básico del Eneagrama para vivir una vida cristiana más profunda.

Cuatro acuerdos

Cuando dirijo los talleres de Eneagrama, les pido a los participantes que suscriban los siguientes cuatro acuerdos, que vale la pena mencionar desde el principio aquí también:

1. **Recuerda que no eres un número.** Tu personalidad dominante no es sinónimo de tu identidad raíz. Tu

personalidad es una estrategia de supervivencia (a menudo subconsciente) para salir adelante y progresar en un mundo hermoso y roto.

2. **Niégate a recibir la etiqueta de ser la persona, iglesia u organización del Eneagrama.** El Eneagrama es una excelente herramienta, pero debe estar siempre en un segundo plano y no pasar a un primer plano que defina a una comunidad u organización. Cuando el lenguaje del Eneagrama se convierte en la jerga social normativa, los recién llegados se sentirán excluidos.

3. **Resiste el impulso de tipificar a cualquier otra persona.** Cada uno de nosotros tiene el privilegio de realizar su propio viaje de autodescubrimiento. Además, el Eneagrama es una teoría de motivaciones, y ninguno de nosotros tiene acceso a las motivaciones de cualquier otra persona. Podemos ver el comportamiento de los demás, pero eso no nos da datos suficientes para tipificar a nadie. Que conozcas el Eneagrama no significa que conozcas a la persona que tienes delante.

4. **Reivindica el Eneagrama como un medio, no como un fin.** Igual que esas lentes que nos ponemos para ver la vida con mayor consciencia de uno mismo y compasión, el Eneagrama es una herramienta que nos ayuda a avanzar hacia el crecimiento.

Personal y comunitario

Antes de pasar al Capítulo 1, te presento un par de pensamientos para que los consideres desde una perspectiva claramente cristiana. En el imaginario cristiano, cada uno de los tipos, al operar en un estado saludable, revela un aspecto de Dios. Una razón por la que a veces se habla del Eneagrama como las nueve caras del alma es porque cada tipo refleja una dimensión diferente de la *imago Dei*. Mientras que muchos (erróneamente) ven el Eneagrama desde una perspectiva individualista, lo que este significa para los cristianos es que reflejamos la naturaleza de Dios mejor juntos que separados. Se necesita una comunidad de personalidades diversas que se reúnan para presentar al mundo una imagen más completa de la Divinidad. De esta manera, el Eneagrama aboga por la necesidad de la iglesia local.

Así como somos un templo construido con piedras vivas (1 P 2.5) y con los dones espirituales (1 Co 12.7 ss.), nuestras personalidades particulares sirven para expresar la grandeza de Dios. Dado que cada uno de nosotros concuerda más con un tipo dominante que con los otros, el Eneagrama es una invitación a rodearnos de otras personas, motivadas de manera diferente, y ver la belleza de la diversidad de Dios en la gran amplitud de la personalidad humana. Verdaderamente, nos necesitamos los unos a los otros para expresar de forma plena a Dios en el mundo.

El segundo pensamiento a tener en cuenta gira en torno a la diferencia entre naturaleza y crianza. En mis talleres, siempre hay alguien que pregunta: «¿Nací siendo un Nueve (o un Dos, o cualquier número), o me convertí en Nueve con los años?». No tengo la seguridad necesaria para dar una respuesta rotunda porque no soy experto en genética, psicología ni sociología. Dicho esto, no sin mucha humildad, invito al aprendiz a considerar que todas desempeñan un papel.

Nacemos con disposiciones genéticas que dan pie a comportamientos particulares. Por ejemplo, yo veo muchas similitudes entre los Nueve y los Dos. A menudo veo similitudes entre los Ocho, los Siete, los Tres, etc. Es probable que el código genético tenga algo que ver con estas similitudes en los patrones de comportamiento. Sin embargo, con las experiencias de la vida, esas inclinaciones de la personalidad se concretan, y de ese modo se consolida en nosotros una personalidad dominante. Recuerda, tu personalidad es una estrategia para salir adelante y desarrollarte en el mundo. En cierto momento de la vida, comienza a formarse nuestra personalidad como una estrategia para tener éxito o para sobrevivir (algunos se refieren a esto como ponerse la máscara). No se puede subestimar la contribución que tanto la naturaleza como la crianza aportan en la personalidad humana.

En tu viaje por *El camino de regreso a Él*, quiero que por encima de todo sepas que eres amado. El mismo Dios que te creó es el Dios que está comprometido contigo, en toda tu belleza y en todo tu estado roto. Debes saber que la transformación siempre está a tu alcance porque Aquel que está renovando el mundo está siempre presente en el centro de tu ser.

Cualquiera que pregunte: «¿Sabes quién soy?» debe
estar preparado para escuchar la respuesta: «No, ¿y
tú?».

—Samuel Wells

Ahora bien, el Señor es el Espíritu; y, donde está el
Espíritu del Señor, allí hay libertad. Así, todos nosotros,
que con el rostro descubierto reflejamos como en un
espejo la gloria del Señor, somos transformados a
su semejanza con más y más gloria por la acción del
Señor, que es el Espíritu.

—2 Corintios 3.17–18

> **LA PREGUNTA DEL ESCÉPTICO:** ¿Mi personalidad y mi
> identidad son lo mismo?
> **RESPUESTA:** No, pero algo parecido.

O dio el Eneagrama. (Mientras escribo eso, puedo oír la voz de mi madre recordándome que «odio» es una palabra muy fuerte). Déjame explicarlo. Cuando digo que odio el Eneagrama, me refiero a que no me gusta en qué se ha convertido para muchos. Por ejemplo:

reducir el yo a un número

una estrategia para encasillar a otras personas

un lenguaje secreto para distinguir entre los de dentro y los
de fuera

un fin en lugar de un medio

un frívolo truco de salón en lugar de una llave para desblo-
quear la consciencia de uno mismo

Y la lista podría continuar. Estas son solo algunos de los errores peligrosos que he encontrado al impartir talleres sobre el
Eneagrama y la formación cristiana en todo el mundo. A lo largo
de estos talleres, he llegado a esta convicción crucial: no eres un
número.

Entonces, ¿quién eres? Esta es la eterna pregunta.

La película *Zoolander* tiene una escena que lo describe per-
fectamente. En un ataque de crisis existencial, el modelo Derek
Zoolander, interpretado por Ben Stiller, sale de un edificio y entra
en un aparcamiento. Su ego se ha desinflado por una serie de
hechos desafortunados. Todos hemos pasado por eso. Mirando
al suelo, se fija en un charco en la calle que refleja su imagen.
Cuando pregunta: «¿Quién soy?», su *alter ego* responde inespe-
radamente: «No lo sé». ¿Su conclusión? «Supongo que tengo
muchas cosas en que pensar».

La identidad es algo complicado. Y todos tenemos muchas
cosas en las que reflexionar, especialmente en una sociedad que
no cesa de lanzarnos deshumanizadores patrones de vida con
los que definirnos.

Pero la verdad es que la base de tu ser *no* es:

tu personalidad	tu raza
tu carrera	tus ingresos
tu género	tus dones
tu sexualidad	tus talentos

Bien, da un paso atrás y toma aire. Dejemos que se pose esta realidad por un momento.

A continuación, escucha: aunque estas características son importantes, y de alguna manera coinciden con o provienen de tu identidad, bajo ellas subyace una esencia más profunda, algo de ti que es cierto, antes incluso de que descubras todas esas cosas buenas, algo más fundamental para tu existencia que tu herida de infancia, el color de tu piel o tu pasión por el helado de menta y chocolate.

Imaginemos toda tu existencia usando la metáfora de un árbol. Piensa en tu identidad no como las características visibles mencionadas más arriba, sino como el sistema de raíces que se extiende por debajo de lo que el mundo puede ver de ti.

Figura 1

Identidad

Entonces, ¿quién eres? ¿Cuál es tu identidad?

Según las Escrituras hebreas (lo que los cristianos conocemos como Antiguo Testamento), por debajo de todo ello, cada ser humano de ahora y de siempre es un portador de la imagen del

Dios Creador. Esto es a la vez inevitable e inalterable. La manera judeocristiana de entender la identidad se hace totalmente evidente en los primeros escritos de Génesis. En lugar de burlarse del lector con una tensión dramática, el escritor resuelve en seguida el asunto de la identidad en la primera página de la Biblia:

> Y Dios creó al ser humano a su imagen,
> lo creó a imagen de Dios.
> Hombre y mujer los creó. (Génesis 1.27)

Cuando las Escrituras declaran esto sobre los primeros seres humanos, estos aún no habían contribuido en nada (ni bueno ni malo) al mundo. Eran *imago Dei* (imagen de Dios) en su raíz antes de manifestar algo visible en el mundo.

Esto significa que la base de la identidad está diseñada para *ser*, no para *hacer*, lo cual me hace pensar que el mundo en que vivimos puede que esté arruinado, ya que eso contradice el patrón social que se nos impone desde la infancia.

El Nuevo Testamento sostiene la declaración de Génesis, pero la expresa de una manera diferente. Ser hecho a imagen de Dios es ser *agapētos, amado*. Haciéndose eco de Génesis, el escritor del primer Evangelio, Marcos, no pierde el tiempo enredando al lector con ninguna tensión dramática en torno a la identidad de Jesús. En Marcos 1, Jesús es bautizado en el río Jordán: «En seguida, al subir del agua, Jesús vio que el cielo se abría y que el Espíritu bajaba sobre él como una paloma. También se oyó una voz del cielo que decía: "Tú eres mi Hijo amado [*agapētos*]; estoy muy complacido contigo"» (vv. 10–11).

Es como si, en Jesús de Nazaret, comenzara aquí en este momento una nueva creación. Tal vez por eso Pablo se refirió a Él más tarde como el segundo Adán (Ro 5). Pero deja al lector preguntándose *por qué* el Padre se complace en el Hijo. En este momento de su vida, Jesús ha hecho poco que sea digno de mención, según Marcos. El bautismo marca el punto de entrada ministerial de Jesús en el mundo. Es el hecho que inaugura y encomienda su vocación. Y el título de «amado» se le da antes de predicar ningún sermón, llamar a ningún discípulo ni realizar milagros en toda Judea. En otras palabras, Dios le da este nombre no como resultado de hacer algo, sino porque ese es el propósito original de la condición humana, *imago Dei*.

Imago Dei frente a cualidad de ser amado

Ser amado no depende de la personalidad, de los dones ni de ninguna de las características antes mencionadas. Ser amado es algo que simplemente *es*. Somos amados porque hemos sido creados a imagen de Dios. Jesús nos da la pauta de esta importantísima verdad: la identidad es algo que se recibe, no algo que se consigue. ¿Qué significa esto? Significa que debemos siempre vencer la tentación de reducir la identidad a cualquier cosa inferior a la imagen de Dios.

Insisto, tu identidad no se reduce a un número. Eres un misterio, una persona profundamente amada por un Dios misterioso que se hizo carne y nos mostró la más completa expresión de lo que significa ser verdaderamente humano. Fuiste creado para que Dios se viera a sí mismo al verte, por lo tanto, reflejas la imagen de Dios. *Eso* es quien eres. Y en tu cualidad de ser amado, como un complejo firme de raíces, eres resiliente.

Día tras día, le repito el mismo mensaje a mi hija, con la esperanza de que eso labre hondos carriles de verdad en sus vías neuronales:

Yo: ¡Eloise! ¿Sabías que no hay nada que puedas hacer para que te ame más?

Eloise (*ligeramente molesta*): Sí, papá.

Yo: ¿Y sabías que no hay nada que puedas hacer para que te ame menos?

Eloise (*un poco más molesta*): Sí, papá.

Los dos a la vez: Te amo que te amo que te amo.

Esto es lo más parecido a cómo se relaciona Dios con nosotros que puedo llegar a imaginar. Cada día, mi tarea principal es comenzar el día disfrutando de la increíble realidad de que mi cualidad de ser amado no es algo negociable. Mi cualidad de ser amado no cambia en función de la temporada, el día o el momento. El compromiso inquebrantable de Dios con nuestra eternidad compartida no depende de mis acciones, sino que está predeterminado por Él. En un mundo de amor condicional, compromisos superficiales y promesas rotas, esta es una verdad trascendental. El amor que el Padre pronunció sobre el Hijo en su bautismo es el mismo amor que se transfiere a los hijos de Dios. ¡Qué locura!

Henri Nouwen, el difunto erudito y sacerdote católico, es uno de mis héroes espirituales. Él creía que, en el nivel fundamental de nuestro ser, «somos los hijos e hijas amados de Dios».[1] Jesús representa en su bautismo algo que también se aplica a nosotros. Antes de realizar obras, Dios pronuncia palabras. Antes de lograr nada, lo recibimos todo. ¡Nuestra identidad no se gana, se recibe! Respondiendo a la pregunta de Philip Yancey en el título de su libro más vendido, *esto* es lo asombroso de la gracia.[2] Cuando vivimos desde una identidad bien enraizada, se hacen posibles la salud y la plenitud en nuestra personalidad. Tu personalidad, heridas incluidas, puede llegar a ser un don para el mundo que te rodea. Aquí es donde resulta útil el Eneagrama.

¿Qué es la personalidad?

Aunque tu identidad nunca se reduce a tu personalidad, las dos están conectadas. Igual que en el sistema de raíces de un árbol, las raíces no son el tronco, pero tampoco pueden seccionarse de él. Por tanto, cuanto más cree uno en su cualidad inherente de ser amado, más saludable debe ser su personalidad. Pero, como nos cuesta recibir este don divino, terminamos elaborando estrategias, manipulando y coaccionando para obtener aprobación, afecto y aceptación por dondequiera que vamos.

¿Qué es entonces la personalidad? En general, la personalidad es una *estrategia* bien forjada para salir adelante y progresar en un mundo hermoso y roto. La personalidad es única en cada persona. Los nueve tipos del Eneagrama son patrones de motivaciones que se presentan como una estrategia para salir adelante y progresar. Sin embargo, como sucede con las huellas dactilares, no hay dos personas en el mundo que tengan exactamente la misma personalidad. Hemos sido creados demasiado maravillosos y misteriosos como para que nos resuman y reduzcan a un número en un diagrama. La personalidad, pues, es la rama —el tronco, si se quiere— de la cual fluye nuestra identidad. La personalidad la fraguan tanto nuestra composición genética particular como nuestras experiencias de vida (naturaleza y crianza). Con el tiempo, comenzamos a formar patrones de comportamiento que reflejan nueve tipos.

Piénsalo de esta manera: tu *identidad* es la amada imagen de Dios; esto es algo que se recibe y una verdad universal. Tu *personalidad* se forja; esto es particular y único para ti. El Eneagrama nos ayuda a trazar nueve patrones de conducta que son comunes a todas las personas, aunque también preserva la singularidad de cada persona, incluido tú.

Carácter y dones

Lo que comienza con un sistema de raíces llamado *identidad* se filtra a la personalidad. Aunque cada uno de los números está en cada persona, cada persona «presenta» en mayor medida un tipo dominante entre los Nueve (veremos más sobre esto en

Figura 2

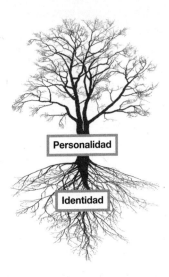

el capítulo siguiente). Toma en cuenta que las teorías como el Eneagrama son útiles, pero no absolutas. Usando una metáfora del arte, el Eneagrama se parece más a un cuadro impresionista que a una fotografía documental. Vistos a distancia, los nueve tipos nos ponen en contacto con una imagen general, pero de cerca todos se descomponen porque la condición humana es demasiado compleja para reducirla a un número en una teoría de motivaciones. Sin embargo, el Eneagrama es increíblemente útil y provechoso para tener una consciencia de uno mismo que puede ayudarnos a crecer.

Así pues, a partir de nuestra identidad y personalidad desarrollamos la integridad de carácter (o su ausencia) y también varios dones (o talentos) que acaban manifestándose en el mundo. Lo que las demás personas experimentan de ti es en gran parte lo que experimentan de tus dones y carácter. Cuando vivimos una identidad arraigada y buscamos salud en nuestra personalidad, nuestro carácter y dones contribuyen al desarrollo del mundo. Cuando no estamos enraizados en la identidad y no tenemos una personalidad saludable, en nuestras vidas se manifiesta lo opuesto al desarrollo. La formación espiritual es importante.

Los seres humanos intentamos compensar cuando sentimos que se desestabilizan nuestras identidades. En ese punto, la personalidad se extralimita e intenta llenar el vacío. Esto explica, por ejemplo, por qué algunos buscan los logros (los Tres) y otros buscan el servicio (los Dos). Algunos se esfuerzan por alcanzar la perfección (los Uno), mientras que otros se refugian en su yo analítico como estrategia de protección (los Cinco). Todos ellos son intentos de asegurar nuestra identidad. Pero el evangelio nos recuerda que ya somos amados y que no tenemos que ganarnos ese don por medio de nuestra personalidad.

Los comportamientos que se manifiestan en nuestra personalidad son normalmente motivaciones subconscientes que resultan en lo que muchos llaman nuestro «lado oscuro», un término psicológico referido a las partes de nosotros mismos que no queremos admitir que tenemos, y que se mantienen sin nombre. A menudo, cuando no tenemos un estado saludable, no somos conscientes de cómo manipulamos, coaccionamos o nos desentendemos del mundo, lo que hace que nos comportemos siguiendo patrones que no son buenos ni para nosotros ni para los demás. Los frutos de nuestro lado oscuro son más como las malas hierbas, por así decirlo, que infligen daño y causan perjuicios, a veces incluso hasta el punto de provocar la muerte espiritual y relacional.

Conviene mencionar aquí las malas hierbas del ego porque a menudo los cristianos las omitimos cuando hablamos del fruto del Espíritu. Los frutos del Espíritu están al final de la carta de Pablo a los Gálatas. Son el carácter (o virtudes) que la iglesia está llamada a manifestar como colectivo para revelar el carácter de Dios. Son «amor, alegría, paz, paciencia, amabilidad, bondad, fidelidad, humildad y dominio propio» (Gá 5.22–23). Antes de este texto, Pablo menciona un conjunto de características que no manifiestan el carácter de Dios, sino todo lo contrario. Son las malas hierbas del ego. Se manifiestan más cuando no creemos en que somos amados y en consecuencia usamos mal la personalidad como estrategia para salir adelante y progresar de formas que no concuerdan con el reino de Dios. Estas malas hierbas son, según Pablo: «inmoralidad sexual, impureza y libertinaje; idolatría y brujería; odio, discordia, celos, arrebatos de ira, rivalidades, disensiones, sectarismos y envidia; borracheras, orgías, y otras cosas parecidas» (vv. 19–21).

Figura 3

Es crucial, por tanto, que reivindiquemos cada día nuestra inherente cualidad de seres amados; de lo contrario, usaremos a otros y acarrearemos vergüenza sobre nosotros mismos por nuestra aparente insuficiencia y falta de amor. De ahí surge el propósito principal de las prácticas espirituales en la vida cristiana: reconectarnos con la presencia de Dios y el don de los otros. En estas prácticas o hábitos podemos reclamar lo que Dios ya afirma como verdad en nuestra raíz. Con una lucidez clarividente, Nouwen repetía a menudo que estamos atrapados en tres mentiras dañinas. Estas mentiras pretenden separarnos de nuestra cualidad de ser amados y causar estragos en nuestra personalidad:

1. Soy lo que tengo.
2. Soy lo que hago.
3. Soy lo que otras personas dicen o piensan de mí.[3]

Cuando estas mentiras actúan dentro de nosotros, estamos siendo llevados por motivaciones inadecuadas. Cada tipo del Eneagrama cede ante diferentes estrategias en un esfuerzo por arreglar lo que sentimos que está roto o proveer lo que sentimos que falta. La parte más trágica es cuando descubrimos que en el océano de la inconmensurable bondad de Dios nunca nos falta lo que más necesitamos.

En resumen, comenzamos con nuestra identidad recibida por gracia, no con nuestra personalidad en desarrollo. Nuestra identidad es ser amados, y esto lo recibimos como un don de Dios. A partir de ahí avanzamos con confianza para expresar en el mundo nuestra cualidad de seres amados, de una manera única, a través de la personalidad. Y nuestra personalidad se manifiesta entonces como carácter y dones.

El árbol de la vida

Hasta ahora he usado la metáfora del árbol para hablar a grandes rasgos sobre el ser humano. He tratado de establecer las siguientes correlaciones:

Raíces = Identidad
Tronco = Personalidad
Ramas y hojas = Carácter y dones

Permíteme llevar la metáfora un paso más lejos. En Génesis, Dios impide que los seres humanos coman del árbol de la vida como una muestra de gracia para evitar que vivan eternamente en la naturaleza pecaminosa (Gn 3.22). El siguiente lugar de la Biblia donde aparece el árbol de la vida es Apocalipsis 22.2. Aquí tenemos el mismo árbol que Dios quitó del jardín en Génesis. Pero al final de los tiempos, en la resurrección y renovación de todas las cosas, fluye un río desde el trono de Dios hasta el árbol de la vida, que da fruto. El texto es bastante misterioso porque el árbol se encuentra a cada lado del río.

La razón por la que saco a colación el árbol de la vida es porque la Biblia comienza y termina con él. Lo que Dios quiere narrar trata sobre la vida. La vida es el tema de toda la Biblia. La creación está llena de vida. Caín arrebata una vida. En las Escrituras hebreas (el Antiguo Testamento), Dios da instrucciones para que el pueblo de Israel escoja la vida (Dt 30.19). En los Evangelios, Jesús declara: «Yo soy el camino, la verdad y la vida» (Jn 14.6). Los que están en el Hijo serán resucitados para vida eterna. Dios se dedica a la vida. Las Escrituras comienzan y terminan con el árbol de la vida. No nos despistemos. ¡La gran historia es la vida!

Un árbol llamado tu vida

Desde Génesis hasta Apocalipsis, la historia que Dios está contando es un relato de proporciones cósmicas. El árbol de la vida es la expresión condensada de este relato. Pero dentro de esa historia cósmica también se nos llama a una historia personal, una historia de transformación. Este viaje personal es el árbol que hemos estado ilustrando hasta ahora: identidad, personalidad y dones/frutos. Este no es el árbol de la vida, sino más bien *un árbol llamado tu vida*. Hay dos viajes paralelos y simultáneos. En la medida en que consientes en el viaje mayor, inevitablemente transformarás el menor.

Eres una especie de ecosistema. Dios te ha creado a su imagen y semejanza, y tú muestras una personalidad en el mundo para salir adelante y progresar, aunque estás llamado a manifestar los dones de tu carácter para beneficio del mundo. La búsqueda a la que te invito en este libro consiste en procurar convertir un árbol llamado tu vida en una salud óptima por el bien del mundo. Al emprender este compromiso, estaremos transitando el antiguo camino hacia el árbol de la vida que encontramos en las Escrituras.

¿Me acompañas?

En casi todos los talleres del Eneagrama que he dirigido hay al menos un puñado de participantes que derraman lágrimas de vergüenza, dolor y desesperación al descubrir su tipo. Cuentan que se sienten «atrapados» al ver cómo el sistema de tipificación del Eneagrama explica sus patrones de personalidad. En gran medida, no estamos conscientes de las motivaciones predeterminadas que dirigen nuestro comportamiento. Estas motivaciones están ocultas en lo profundo de nuestras conexiones neuronales. Por lo tanto, cuando otra persona nombra aquello que ha estado (estratégica y subconscientemente) escondido, es como agarrar una pala para el alma y sacar a la superficie la suciedad de tu vida. En ese momento aflora a la superficie la consciencia de ti mismo y brotan las lágrimas de la vergüenza. Te sientes existencialmente desnudo, como si alguien leyera un diario secreto que escribes mientras duermes, pero que olvidas al despertar. En el mejor de los casos, puede ser embarazoso y, en el peor, emocionalmente devastador.

Quizás esto explique por qué algunos prefieren mantener distancia con el Eneagrama. La gente a menudo usa tapaderas como «Es demasiado Nueva Era», o «Son todo clichés», o «No quiero que me reduzcan a un tipo», etc. A veces no son más que excusas para evitar el lado oscuro personal. Para mostrar el propio estado de fractura y reconocer la necesidad de trabajar a fondo en uno mismo hay que hacerse vulnerable. Por medio del Eneagrama, la «basura de nuestra vida» emerge de entre las sombras que a menudo preferimos mantener cerradas. Y es ahí, en medio de esa oscuridad y devastación, donde la fe cristiana reconstruye la vida humana. Esto es precisamente lo que me inspiró para involucrarme en la formación espiritual utilizando como herramienta el Eneagrama. El Eneagrama nos lleva a ponerle nombre a nuestra sombra y a tener una mayor consciencia de uno mismo. Una vez hecho esto, podemos entrar a estar en la luz de Cristo y pasar a la transformación vital.

En Cristo

La expresión «en Cristo» (en griego: *en Christō*) llena el Nuevo Testamento. Dependiendo de la versión de la Biblia, se usa entre setenta y cinco y cien veces. «En Cristo» designa la esfera o dominio al que uno entrega con gozo su pequeña historia. Vivir en Cristo es el deseo de llevar tu pequeña historia bajo el marco más amplio del señorío de Cristo. Cuando uno toma la decisión de rendirse a Él, el estar en Cristo obra en nosotros en todos los niveles: identidad, personalidad y dones.

En Cristo, podemos reconocer y recibir plenamente la imagen de Dios conforme a la cual fuimos creados. En Cristo, podemos acceder a nuestra cualidad de ser amados en el nivel más profundo. En Cristo, estamos abiertos a la presencia redentora del Espíritu Santo, el cual nos hace madurar en nuestra personalidad con el tiempo. En Cristo, el Espíritu Santo imparte dones únicos para edificar la iglesia y el mundo. En lo que respecta al Eneagrama, en Cristo pueden ser transformados los patrones rotos de nuestra personalidad. Este es uno de los modos en que herramientas como el Eneagrama sirven como una lente que nos ayuda a ver aquello que somos propensos a evitar (sub)conscientemente. Los patrones rotos de comportamiento —que se manifiestan a partir de motivaciones heridas— pueden ser sanados y liberados a medida que participamos en la vida divina (2 P 1.4).

Estar en Cristo nos da vida en todos los niveles de nuestro ser. Necesitamos acudir a algo externo, a Dios, para convertirnos en lo que Dios dice que somos plenamente.

Figura 4

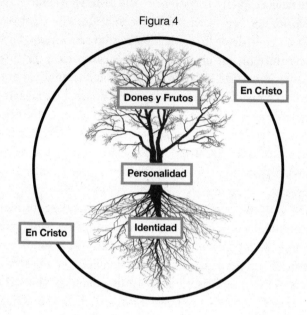

La dinámica «en Cristo» funciona como respuesta a algunas de las preguntas más abrumadoras de la vida, tales como:

¿Puedo llegar a ser una persona completa a pesar de mi yo fragmentado y roto?

¿Es posible vivir con mi identidad como ser amado y no con una profunda inseguridad?

¿Puedo ser cada vez más saludable dentro de mi personalidad? Si es así, ¿dónde comenzaría?

¿Cómo puedo cambiar los patrones de comportamiento que tienden a la adicción?

Todas estas preguntas comparten la misma respuesta: sí, ¡en Cristo! Si queremos desarrollar una manera cristiana de entender al ser humano, no solo debe incluir, sino que debe dar una importancia capital a la presencia del Cristo vivo como *el* agente transformador que hace posible la formación. «En Cristo» es la forma tangible de decir «gracia profunda». En Cristo, Dios no se conformó con que la gracia fuera algo abstracto y distante. La gracia no es un don indefinido. La gracia ha venido al mundo específica e históricamente en la forma de Jesús de Nazaret. El misterio de su vida, muerte y resurrección es impartido gratuitamente a los seres humanos dispuestos mediante la persona del Espíritu Santo. Dentro de esta dinámica, nuestra identidad (raíces), personalidad (tronco) y carácter y dones (ramas y hojas) comienzan a prosperar.

Una y otra vez en la experiencia cristiana, descubrimos las profundidades de nuestra cualidad como seres amados solo cuando, paradójicamente, morimos a nosotros mismos y resucitamos con Él. La vida de Cristo se convierte en nuestra vida, porque «el vivir es Cristo y el morir es ganancia» (Fil 1.21). La historia de Cristo es ahora nuestra historia. Su futuro es nuestro futuro. Su muerte y resurrección, a nivel cósmico, trae esperanza a nuestra muerte y anhelo de resurrección, a nivel individual. Estar *en Cristo*, por la fe, significa tomar nuestras pequeñas historias e insertarlas en el tejido de la metáfora de Cristo. El Nuevo Testamento nos recuerda constantemente que debemos enraizar nuestra identidad *en Cristo*, no en nuestros éxitos o fracasos temporales. Por ejemplo, en los dos primeros capítulos de Efesios, *en Cristo*:

hemos sido escogidos y adoptados por el Padre (1.4–6)

hemos sido redimidos por el Hijo (1.7–12)

hemos sido sellados con el Espíritu (1.13–14)

hemos recibido el poder de la resurrección (1.19)

hemos recibido la capacidad de ver el señorío de Jesús (1.15–23)

hemos sido llevados de muerte a vida por gracia por medio de la fe (2.1–10)

hemos sido resucitados y sentados con Él en los lugares celestiales (2.5–7)

hemos sido creados para buenas obras (2.10).[4]

El teólogo del siglo veinte Karl Barth supo expresarlo cuando enseñaba Efesios a sus estudiantes de Teología de Göttingen en 1921: «Lo que soy, lo soy en relación con Dios».[5] La personalidad, en la vida cristiana, se descubre mejor cuando se entrega, y se pierde más cuando se agarra y uno se aferra a ella. Esta es la desafiante paradoja del cristianismo.

El teólogo Robert Mulholland explica que, según la fe cristiana, hay dos opciones para la comprensión de uno mismo. Una es confiar en nuestros propios recursos y habilidades. La otra es confiar de manera radical en Dios. Mulholland escribe que «no puedes ser captado o sostenido en la vida más profunda de Dios —ser como Jesús— hasta que despiertes en los niveles profundos de tu ser a esta realidad esencial».[6] Esta realidad esencial es coherente con el estar *en Cristo*, que es rendirse a la profunda gracia de Dios y no depender de nuestros recursos humanos para la autoestima, la aprobación o la identidad. Vale la pena repetir aquí la famosa frase de Pablo: «He sido crucificado con Cristo, y ya no vivo yo, sino que Cristo vive en mí. Lo que ahora vivo en el cuerpo, lo vivo por la fe en el Hijo de Dios, quien me amó y dio su vida por mí» (Gá 2.20).

Al rendirnos a la persona de Cristo, nuestra transformación se hace más factible. La vida de Cristo en nuestro interior transforma nuestra identidad, reconectándonos con nuestra inherente cualidad de seres amados y sanando nuestra personalidad para que puedan ser los buenos deseos los que nos dirijan y para poder manifestar fruto espiritual a este mundo roto a través de nuestros dones, palabras y aportaciones. La vida de Cristo rodea completamente nuestras vidas, sanándonos por dentro y transformándonos por fuera. La figura 4 nos ayuda a entender cómo el estar en Cristo funciona como una órbita alrededor de nosotros en la vida, que nos sana en todo momento.

La capacidad de comprenderse a uno mismo y la transformación se abren a su máxima capacidad humana en Cristo. Desde luego, se puede conseguir cierta medida de consciencia de uno mismo sin la dinámica de estar en Cristo. Pero los seres humanos que están en Cristo ya no están limitados por el dominio del mal y el poder del pecado. La gracia obra en profundidad.

En Cristo, tenemos la redención y el pleno acceso a nuestra cualidad de seres amados porque Él carga con nuestra vergüenza en la cruz. En Cristo, tenemos mayor poder de transformación para sanar nuestra personalidad porque su poder de resurrección obra en nosotros. En Cristo, somos más fructíferos y tenemos más dones porque Él les da la autoridad del reino a los que creen en Él. Al escribir esto no quiero excluir a los que están fuera de la fe cristiana. Escribo esto porque el misterio cósmico —revelado primero hace milenios en Oriente Medio y luego extendido por todo el mundo— es que la restauración de la condición humana se produce en Cristo. Al ser clavado a un madero de muerte en el Gólgota, Jesús restablece el árbol de la vida del Edén.

Dejo las últimas palabras de este capítulo como una bendición para ti:

«¿Quién soy yo?», te preguntas. Eres un hijo amado de Dios, creado conforme a la imagen divina. Espero que recibas tu identidad divina de Dios, en Cristo, a través del Espíritu, y rechaces el falso yo que quiere reducir tu valor a apegos superficiales y apetitos triviales.

práctica

Tómate unos minutos para meditar sobre la sabiduría del pasaje que cito a continuación. El escritor busca que se le recuerde aquí el misterio de la creación de Dios, es decir, el ser humano. Recuerda: no eres un número, no eres algo reducible, y eres la amada creación de Dios, hecha a su imagen para reflejar esa imagen en el mundo.

Pon el temporizador en cinco minutos y susurra estas palabras una y otra vez hasta que calen en tu mente, en tus emociones y en las partes más profundas de tu ser:

> Y Dios creó al ser humano a su imagen,
>   lo creó a imagen de Dios.
>   Hombre y mujer los creó.
>
> Génesis 1.27

Sé tú mismo; ser cualquier otro ya está ocupado.

—Oscar Wilde

¡Te alabo porque soy una creación admirable!
    ¡Tus obras son maravillosas,
    y esto lo sé muy bien!

—Salmos 139.14

> **LA PREGUNTA DEL ESCÉPTICO: ¿Soy solo un tipo del Eneagrama?**
>
> **RESPUESTA: Tienes todos los tipos en ti, pero posees un eneatipo (o patrón) dominante que no cambia a lo largo de la vida.**

Amo el Eneagrama. «El amor es para las personas, no para las cosas», dice mi suegra. Yo no digo que ame el Eneagrama como amo a mi familia. Pero el Eneagrama ha supuesto un enorme regalo que ha desbloqueado muchas puertas dentro de mí que me parecían atascadas y que me causaban frustración como seguidor de Jesús. Amo el Eneagrama como amo un buen tazón de ramen Tonkotsu. Es decir, no moriría por él... probablemente.

En el capítulo 1, expuse las diferencias entre la identidad de raíz y la personalidad central. En pocas palabras, nuestra identidad está en la raíz de nosotros mismos, y nuestra personalidad es el tronco que emerge de la raíz.

La personalidad es una estrategia para salir adelante y prosperar en un mundo hermoso y roto. Hay ocasiones en las que nuestras personalidades obran en nuestro beneficio, haciendo progresar nuestros deseos, relaciones y convicciones. Hay otras veces en las que nuestra personalidad trabaja en contra de nosotros, aislándonos de los demás, impidiendo que nuestras esperanzas se hagan realidad y repitiendo ciclos de autocondena. Todas las personalidades oscilan constantemente entre la salud y la falta de salud. Nuestras personalidades funcionan en gran medida a nivel subconsciente, es decir, a menudo no somos conscientes de los motivos que impulsan nuestro comportamiento. La personalidad, en este sentido, funciona a veces como algo parecido a un modo piloto automático que nos mueve por el mundo.

El Eneagrama es una herramienta que nos ayuda a ver nuestros patrones de comportamiento por defecto y a ser conscientes de qué es lo que impulsa nuestra vida. Es una teoría de los motivos, que revela lo que impulsa nuestros comportamientos, lo que se esconde debajo de todo lo que todos ven. Imagina la personalidad como un iceberg.

Figura 5

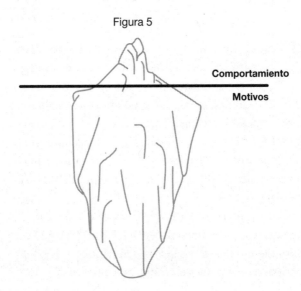

Comportamiento

Motivos

Como se aprecia en la imagen del iceberg de la figura 5, nuestros motivos —los motores invisibles del comportamiento humano— no son poca cosa. De hecho, se podría decir que los comportamientos son simplemente el resultado de los motivos. Los motivos están en la base del iceberg de la vida, invisibles para los demás y a menudo ignorados (o conocidos solo inconscientemente) incluso para nosotros mismos. El comportamiento, por tanto, es la forma en que nuestros motivos se manifiestan en el mundo: están por encima de la superficie del agua y son lo que los demás experimentan de nosotros.

Tomar consciencia de uno mismo

En aquella tarde de primavera de 2013, mientras el padre Rohr leía en voz alta las descripciones de cada tipo del Eneagrama, me impactó lo que dijo sobre los Tres. Podía sentir cómo se me aceleraba el corazón, cómo me sudaban las palmas de las manos y cómo me invadía la ansiedad. Era como si estuviera leyendo mi diario. Más tarde le pregunté en privado: «¿Cómo sabe uno si conoce su tipo principal?». Me respondió: «Cuando sientas el mayor grado de humillación».

¿Cuándo sienta el mayor grado de humillación? Vaya.

Es fácil entender por qué algunos prefieren mantener una distancia prudencial con el Eneagrama. Puede ser bastante humillante, como si alguien acabara de mencionar aquello que te has pasado toda la vida intentando ocultar. Todas tus necias estrategias vitales subconscientes se te revelan a ti mismo y a los demás. No es raro que los participantes en mis talleres se derrumben y lloren al leer sobre su tipo principal. Por eso, el Eneagrama nunca debe utilizarse como un truco de salón para impresionar a los demás con nuestros conocimientos, o como una forma de reducirnos a nosotros mismos y a los demás a un número. Más bien, siempre es un medio para lograr un cambio transformador significativo. Todo comienza con tener consciencia de uno mismo. Una vez que vemos y nombramos lo que hay por debajo, podemos sacarlo a la luz y empezar a diseñar estrategias para alcanzar la plenitud.

Entendámoslo bien. Dios puede utilizar toda la materia prima de la vida —incluso la humillación— para lograr una nueva revelación. Tal vez esto es en parte lo que Pablo quiso decir cuando escribió que Dios obra todas las cosas para el bien de los que le aman, conforme al propósito de Dios (Ro 8.28). Recuerda que eres alguien resilientemente amado a los ojos de Dios. Eso es lo que eres. Nada puede cambiar eso. No hay número del Eneagrama ni proporción de presencia o ausencia de salud que pueda anular la imagen de Dios que posees. ¡Dios te ama que te ama que te ama! Esto te permite afrontar con valor, y no con desesperación, lo que salga a la luz.

Volviendo a la analogía del iceberg, gran parte de tu personalidad no se ve. Suzanne Stabile, experta en Eneagrama y escritora, dijo algo muy sabio en un taller al que asistí en el 2015: «Que conozcas el Eneagrama no significa que conozcas a la persona que tienes delante». Esto significa que dos seres humanos pueden comportarse exactamente de la misma manera y sin embargo estar impulsados por motivos opuestos. Por lo tanto, descubrir tu tipo principal es un viaje que tienes que recorrer tú, no es el viaje de nadie más. Nadie más tiene acceso a tus motivos. Nadie más que tú puede saber qué es lo que realmente motiva tu conducta. Esto requiere tener consciencia de uno mismo, y el Eneagrama se especializa en despertar a quiénes somos.

Discernir tu tipo

Despertar a quiénes somos no suele darse en un repentino instante de lucidez; es un proceso, un viaje. Con ese propósito, el resto de este capítulo intenta ofrecer herramientas para tu propio viaje, comenzando con tres pasos para discernir tu tipo del Eneagrama, seguido por una breve descripción de cada tipo. El

Apéndice, como he señalado en la introducción, contiene recursos sobre varios vericuetos que puedes seguir (si eres como yo) para saltar alegremente y explorar. Este libro tiene como propósito esbozar la tipología básica del Eneagrama para que puedas avanzar más allá del tipo y hacia la vida cristiana. Si todavía no se te ha quedado grabado nada de este libro, lee estas palabras de Karl Barth e imprégnate de ellas por un momento: «El objetivo último de nuestra personalidad es que pueda convertirse en un don y no en un señor; en un siervo y no en un amo».[1] La transformación está a tu alcance. El discipulado es esencial. Y, como le gusta decir a mi querido amigo Jamie Tworkowski: «El rescate es posible».

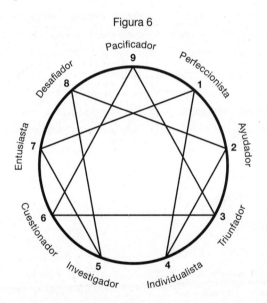

Figura 6

Para discernir tu tipo hará falta algo de esfuerzo y atención. A continuación presento tres pasos que te ayudarán a guiar tu propio proceso de discernimiento:

1. Lee las descripciones de los tipos que presento a continuación. ¿Hay algún tipo que te suponga más humillación que los demás?

2. Acota tu atención a varios tipos principales. Lee las descripciones de ambos lados de tus tipos principales. Si has reducido tus tipos, por ejemplo, a Uno y Cinco, fíjate en los números que aparecen junto a cada uno de ellos (en el caso del Uno, significa fijarse más en el Nueve y el Dos; en el caso del Cinco, significa fijarse más en el Cuatro y el Seis). Estos números adyacentes se denominan «alas» y suelen escribirse, por ejemplo, 1a9 (para un Uno con ala Nueve). Cada uno de nosotros suele inclinarse en una dirección u otra. Pensar si eres propenso a moverte hacia un tipo de ala puede ayudarte a discernir tu tipo principal.

3. Invita a tu proceso de discernimiento a algunas personas que te conozcan bien. Vuelve a tus tipos iniciales y pídeles su opinión. Aunque los demás no conozcan tus motivos, pueden ser útiles en el proceso de autodescubrimiento.

Los nueve tipos

Tipo Uno

Una palabra: Perfeccionista

Cuatro características: Idealista, con principios, independiente, crítico

Estrategia de supervivencia: «Debo ser perfecto y bueno».[2]

Antes de poder actuar, los Uno necesitan sentirse justificados por su conciencia. A los Uno les cuesta relacionarse con su entorno debido a su incesante necesidad de perfección antes de actuar. Están insatisfechos con cómo es el mundo actualmente y buscan un estado idealizado. Extremadamente centrados en sus principios y con fuertes convicciones, también están insatisfechos con su propia imperfección dentro del mundo imperfecto, y viven en función de cómo «deberían» ser las cosas.

También temen cometer algún error, lo que a menudo los deja paralizados. Los Uno promedio (y por «promedio» me refiero simplemente a un punto intermedio entre lo saludable y lo no saludable, lo maduro y lo inmaduro) se enojan y frustran con facilidad cuando el entorno que los rodea no coopera con su estándar de perfección y sus procesos.[3] Son ideólogos.

Desde una edad temprana, los Uno aprendieron a comportarse correctamente.[4] A menudo, en su infancia les prohibieron sus deseos naturales, por lo que para hacer lo correcto bloquean el deseo. A veces recuerdan haber sufrido críticas dolorosas. Como resultado, aprendieron a controlarse a sí mismos para evitar errores que pudieran llamar la atención de los demás. Al igual que los puritanos, trabajan duro, son independientes y pueden tener algo de santurrones o mojigatos.[5] Están convencidos de que la vida es dura y que la comodidad se gana. Entienden mejor que ningún otro tipo la gratificación con demora.

Son severamente compulsivos y creen que siempre se puede mejorar. Si el mundo sufre una invasión alienígena, los veremos limpiando su baño porque al menos ahí controlan la situación. Son críticos, pero procrastinan por miedo a equivocarse o a cometer un error. Para los Uno, las comparaciones resultan brutales, y las redes sociales pueden paralizarlos en el plano emocional porque al ver las publicaciones de los demás se perciben a sí mismos como inadecuados.

A menudo, los Uno se esfuerzan por dar ejemplos sanos de cómo «deberían» ser las cosas. Suelen ser niños modelo, motivados para «ser buenos», «esforzarse más» y «hacer las cosas bien». Desde el punto de vista moral, conductual y vocacional, están insatisfechos con cómo son las cosas. Desde muy niños, buscaron la perfección por miedo a perder el amor de sus seres queridos. Suelen ser niños superdotados que más tarde son considerados «retentivos anales». Es duro ser un Uno, porque se ven constantemente asediados por pruebas internas. Les atraen los descuentos y las estancias limpias, se comprometen con el deber y se decepcionan por su propia imperfección. Esto los lleva a menudo a sentir una ira interior.[6]

Los Uno experimentan la vida como una carga. A menudo reprimen la ira causada porque el mundo (y ellos mismos) no son lo que deberían ser. Ven a través de lentes idealizadas. Están desesperados por ser adecuados y correctos. Sufren de una crítica interior implacable. Cuando son criticados por otros, lo viven como un duro golpe que sirve para reforzar su propia crítica interior. Son buenos a la hora de perfeccionar las cosas cuando el mundo no va bien. Cuando experimentan una situación que está fuera de su control (por ejemplo, si un ser querido está enfermo), se ponen a limpiar la casa, motivados por la necesidad de perfeccionar algo que esté en su ámbito de control. Funcionan mejor dentro de unas directrices estrictas y claras, con comunicación fluida y con un solo curso de acción.[7] Reprimen la ira, de modo que cuando esta aflora suele estar relacionada con algo más profundo.

La mentira que creen los Uno: «No está bien cometer un error».

La verdad que necesitan: «Eres bueno».[8]

Tipo Dos

Una palabra: Ayudador

Cuatro características: Relacional, generoso, inseguro, se olvida de sí mismo

Estrategia de supervivencia: «Debo ser útil y atento».

En su mejor versión, los Dos son presencias sanadoras en el mundo.[9] El servicio es muy importante para ellos. Están inclinados hacia los demás, pero al mismo tiempo suelen estar motivados inconscientemente por el interés propio. Además, cuando tienen esta motivación, rara vez perciben su propia inseguridad, debido a su falta de consciencia de sí mismos. El Dos promedio habla de servir a los demás más de lo que efectivamente sirve a los demás. Helen Palmer señala que los Dos «están marcados por la necesidad de afecto y aprobación; quieren ser amados, protegidos y sentirse importantes en la vida de los demás».[10] Desarrollan una aguda percepción de los estados de ánimo y las preferencias de los demás y actúan en consecuencia. Los Dos cambian fácilmente sus gustos y preferencias personales para servir a los deseos de los demás. Esto da lugar a lo que Palmer llama el «yo múltiple».[11] Pueden estar tan en sintonía con los sentimientos de los demás que pierden el contacto con los propios. Con el tiempo, esto puede llevar a los Dos a tener problemas para discernir sus anhelos y preferencias personales.

«Los Dos tienen una necesidad exagerada de validación».[12] Son propensos a la adulación y a mostrar aprobación pública de otros, con fines personales. Algunos Dos cuentan que en sus primeros años de vida tuvieron que cuidar y apoyar tanto a los miembros mayores como a los menores de la familia. Por ello, desarrollan una «necesidad de que los necesiten», que se traduce en un orgullo secreto. Aunque son extremadamente serviciales, esperan (y a menudo exigen) gratitud a cambio.[13]

En el fondo, los Dos inmaduros luchan con la identidad, por lo que invierten sus recursos en los demás, esperando que el reconocimiento y la gratitud de los otros llenen el vacío. Cuando describe cómo tienden a funcionar los Dos inmaduros en las relaciones comprometidas, Palmer afirma: «Las primeras fases de una relación están dominadas por un Dos que hace realidad aquellos aspectos que halagan las necesidades de la pareja. Las fases tardías de una relación se ven dominadas por el sentimiento de estar controlado por la voluntad de la pareja, unido a un deseo abrumador de libertad. Los Dos viven un conflicto entre el hábito de moldear la presentación de uno mismo para resultarle irresistible a la pareja y el deseo de tener la libertad de hacer lo que les plazca».[14]

Al final, los Dos obtienen el control siendo de ayuda, convencidos de que los demás los necesitan para su progreso. Sin embargo, quieren que se reconozca su utilidad, para no sentirse inseguros y enojados. Su doble preocupación es conseguir la aprobación y evitar el rechazo. Sienten un orgullo perturbador por la ayuda que brindan, hasta el punto de que esperan que los demás no puedan arreglárselas sin ellos. Los Dos pueden estar tan orientados a los demás que, si no se les necesita, creen que no se les quiere. Las preguntas que los Dos deben hacerse antes de servir a los demás son: ¿qué programa voy a seguir? ¿Qué me aportará? ¿Esta persona quiere mi ayuda?

> **La mentira que creen los Dos:** «No está bien tener mis propias necesidades».
>
> **La verdad que necesitan los Dos:** «Eres querido».

Tipo Tres

Una palabra: Triunfador

Cuatro características: Consciente de la imagen, ambicioso, adaptable, motivado

Estrategia de supervivencia: «Tengo que ser impresionante y atractivo».[15]

El axioma de los Tres es evitar el fracaso y maximizar el éxito. Los Tres no suelen estar en contacto con sus propios sentimientos porque están ocupados moldeando la impresión que los demás tienen de ellos. Sumamente diestros, pueden adaptarse a lo que sea necesario en el momento para garantizar el éxito, la seguridad y la asimilación social. Sobre todo, buscan proyectar una imagen deseable.[16] A diferencia del Dos, que pregunta: «¿Te gusto?», el Tres pregunta: «¿Tengo éxito?».[17] Cuando eran niños, los Tres eran apreciados por sus logros. Así, sus inclinaciones las aprenden de sus tutores, y ellos las refuerzan.

Los Tres recuerdan su sensación de valía por medio del rendimiento y la imagen, más que mediante la conexión emocional y social. Palmer afirma: «Como eran amados por sus logros, aprendieron a suspender sus emociones y a centrar su atención en ganarse el estatus que les garantizara ser amados. Era muy importante evitar el fracaso, pues solo los ganadores eran dignos de amor».[18]

Los Tres se rigen por tres c: competencia, comparación y competición. Son de las personas más competentes y eficientes en sus respectivos campos porque está en juego la identidad. Mientras los Tres se esfuerzan por desarrollar la competitividad, quienes los observan no suelen saberlo porque dan apariencia de hacerlo con facilidad. Se comparan apasionadamente con los demás de la oficina para medir su habilidad y experiencia. Compiten por ser los primeros, por conseguir el ascenso o por recibir cualquier premio para sentirse dignos dentro de su entorno. Con frecuencia, los demás no son conscientes de que están compitiendo con un Tres. Pero así es como un Tres experimenta la validación interior: ganando. A los Tres se les suele llamar camaleones porque se convierten en lo que haga falta para encajar y prosperar en un medio. Los Tres «pueden ponerse casi cualquier máscara y representar el papel a la perfección».[19]

Los Tres prosperan en una sociedad capitalista porque ambos se sustentan en la competencia, la comparación y la competición.

Rohr cree que los Tres aumentan en culturas acomodadas: «Estoy seguro de que en los países del Tercer Mundo no se encontraría el mismo porcentaje de Tres que en Estados Unidos».[20] Como están en casa y son valorados en la cultura occidental, suelen verse optimistas y *cool*. Según Palmer: «No parecen sufrir y pueden vivir toda su vida sin darse cuenta de que han perdido una conexión vital con su vida interior».[21] Si el Uno valora la eficacia, el Tres valora la eficiencia; si el Uno busca hacer las cosas bien, el Tres busca que se hagan. Los Tres buscan conseguirlo en un tiempo récord para pasar al siguiente triunfo. Este puede adoptar la forma de títulos, cargos, logros y relaciones. También pasan rápidamente del pensamiento a la acción. El tiempo es esencial y hay mucho que hacer. A menudo, los Tres sacrifican la imaginación profunda propia de la reflexión y el cálculo porque pasan en seguida a la acción. Al sentirse cómodos frente a la multitud, los Tres suelen carecer de intimidad personal y conexión porque no quieren arriesgarse a ser vulnerables ni aceptar que han descuidado su vida interior.

Los Tres son difíciles de interpretar. Dado el gran valor que dan a la vida exterior (imagen, reconocimiento y logros), suelen reprimir sus sentimientos interiores (ira, rabia y vergüenza). Además, les cuesta interpretar a los demás. Al igual que los Uno, los Tres temen el fracaso. Sin embargo, el miedo del Tres al fracaso tiene su origen en la dignidad, y «no hay en el Eneagrama nada más triste que un Tres sin éxito».[22] Tienen una orientación de futuro hacia la vida, por lo que siempre apuntan al siguiente premio. Los Tres no se arredran a la hora de autopromocionarse, y para ello encuentran una vía natural en la proliferación actual de las redes sociales y los *likes*. Son multitarea y vendedores naturales. Pocas personas conocen de verdad a los Tres porque se mantienen en la superficie.

En el mejor de los casos, los Tres se aceptan a sí mismos, son auténticos y se guían por sus propios valores.[23] En el peor de los casos, los Tres son profundamente narcisistas y engañosos y dañan a los demás para obtener un beneficio personal.

La mentira que creen los Tres: «No está bien tener tus propios sentimientos».

La verdad que necesitan los Tres: «Eres amado por ser tú mismo, no por lo que haces».[24]

Tipo Cuatro

Una palabra: Individualista

Cuatro características: Dramático, artístico, melancólico, intuitivo

Estrategia de supervivencia: «Tengo que ser único y diferente».

Mucho de lo que el mundo posee de bueno, verdadero y bello lo recibe de los Cuatro. Los Cuatro se clasifican en la tríada de los sentimientos (ver el Apéndice para saber más sobre las tríadas) y, por tanto, se rigen por sus emociones. Estas emociones pueden manifestarse de forma saludable o no saludable; de ahí que con frecuencia se presente al Cuatro como un artista melancólico. Prefieren el individualismo, valoran la autenticidad y pueden percibir fácilmente la manipulación por parte los demás. Buscan la honestidad emocional y la inspiración y tratan de crear experiencias útiles para los demás. Según Don Richard Riso y Russ Hudson, los Cuatro saludables quieren ser fieles a sí mismos y que los demás también lo sean.[25] Por eso les resulta fácil ser críticos cuando perciben falsedad en los demás. Las palabras del Polonio en *Hamlet* (acto 1, escena 3) describen muy bien a los Cuatro:

> Por encima de todo, sé fiel a ti mismo,
> Y a esto le sigue, como la noche al día,
> Que no puedes ser falso con nadie.

El Cuatro es el tipo menos abundante.[26] De niños, eran complicados y necesitaban sentirse especiales. El tema subyacente de su infancia es la pérdida. Según Palmer: «Los Cuatro recuerdan el abandono en la infancia y, como resultado, sufren una sensación de privación y pérdida».[27] Los Cuatro anhelan aquello de que carecen y extrañan lo que tienen delante. Al pensar en lo que les falta, pierden de vista lo que tienen.[28] Palmer continúa describiendo los escenarios de los Cuatro en consecuencia: «Si tienes el trabajo, quieres al hombre. Si tienes al hombre, quieres estar solo. Si estás solo, quieres de nuevo el trabajo y al hombre. Su atención se centra en lo mejor de lo que falta y, en comparación, lo que tiene le parece aburrido y sin valor».[29]

Los Cuatro suelen ser malhumorados y les cuesta sentirse satisfechos. En lo que respecta a la vocación, los Cuatro rara vez se conforman con trabajos rutinarios. Prefieren ser fieles a sus talentos y pobres antes que ser ricos, pero «vendidos». A menudo, su principal preocupación son las relaciones, que tienden a ser inconsistentes en el mejor de los casos, y volátiles en el peor. En lo relativo al romance, les encanta la fase de búsqueda. Una vez dentro de una relación romántica pueden sentirse aburridos porque la búsqueda ha terminado. Pero, en las amistades, suelen ser los primeros en solidarizarse con el dolor ajeno. Los Cuatro son excelentes en la práctica judía de *shivá* —una práctica funeraria en la que se ofrece al otro presencia en lugar de respuestas— durante el período de duelo tras la muerte de alguien, y se sienten atraídos por la temporada de Cuaresma. Les atraen los extremos y a veces pueden fabricar un drama para sentirse vivos.[30]

La orientación que tienen los Cuatro hacia la vida suele ser romántica, estética y artística.[31] Esto no significa que siempre tengan instrumentos musicales, micrófonos o pinceles en la mano, pero a menudo sí los tienen. Expresan sus sentimientos a través de la danza, la música, la pintura, el teatro y la literatura.[32] Los Cuatro pueden desvelarles a los demás la belleza del mundo. Cuando se sienten atascados en el mundo real, los Cuatro «refuerzan su sentido del yo por medio de la fantasía y la imaginación».[33] Los Cuatro interiorizan la vida, lo que puede generar ensimismamiento, depresión e introversión. También son propensos a tener un espíritu crítico y una constante negatividad. Deben aprender a distinguir entre tener una mente crítica (analizar la vida) y tener un espíritu crítico (perspectiva negativa hacia los demás).

En lo espiritual, los Cuatro rechazan las categorías de sagrado y secular. Quieren que ambos mundos se unan en una fusión de belleza y armonía. Según Rohr, prefieren los símbolos y los sueños a la mecánica y la pragmática. Aunque dicen que se visten con lo primero que encuentran al levantarse corriendo para salir, en realidad seleccionan con cuidado su estilo de vestimenta. Quieren que los demás se fijen en ellos por la forma en que destacan. En lo estético, los Cuatro son atractivos, también pueden parecer «esotéricos, excéntricos, extravagantes o exóticos».[34] Las posesiones no son una fuente de gran alegría para los Cuatro; prefieren anhelarlas. En palabras de Rohr: «Anhelar es más importante que tener».[35] Por eso, para los Cuatro, la búsqueda de la vida es más satisfactoria que lo que se consiga de ella.

Su mente puede quedarse atrapada en un error pasado inalterable. Su monólogo interior repite frases como «si tan solo... si tan solo...». Esta decepción interior produce temporadas de autoaislamiento. El Cuatro puede estar físicamente contigo en la habitación, pero puede estar mental, espiritual y emocionalmente en la luna. En un extraño giro psicológico, los Cuatro pueden llegar a sentirse atraídos por el dolor, la pérdida y la oscuridad. Cuando un Cuatro se siente fracasado, la rabia se apodera de su interior. Sus pensamientos pueden volverse fácilmente morbosos, e inclinarse al odio a sí mismos. Esto conduce a sentimientos de desesperación, desesperanza y autodestrucción. En su momento más desintegrado, muchos Cuatro contemplan el suicidio porque la visión interior del mundo que han construido es tan dura que creen que esto debe de ser todo lo que hay; por tanto, se preguntan: «¿Qué sentido tiene vivir?». Las drogas y el alcohol son válvulas de escape habituales para los Cuatro, como mecanismos de defensa y formas de huida.[36]

> **La mentira que creen los Cuatro:** «No está bien ser demasiado funcional o demasiado feliz».
>
> **La verdad que necesitan los Cuatro:** «Se te ve y se te valora por lo que eres».

Tipo Cinco

Una palabra: Investigador

Cuatro características: Perceptivo, desapegado, informado, introvertido

Estrategia de supervivencia: «Debo estar bien informado y equipado».

Imagine una estructura alta e impenetrable con ventanas pequeñas en la parte superior.[37] Este es el Cinco. La personalidad del investigador es como un castillo. Las ventanas de la parte superior del castillo no son más que pequeñas aberturas por las que los demás pueden asomarse. Aunque han desarrollado una avidez de conocimiento, también buscan la privacidad. Aprendieron de niños que el mundo puede ser peligroso y les puede robar la privacidad. Muchos Cinco cuentan de la intrusión de otras personas en su vida cuando eran pequeños, lo que los llevó a cultivar un mundo interior al que solo ellos pudieran acceder. Muchos Cinco también dicen haber sentido poca ternura o intimidad en la infancia, lo que explica que se caractericen por ser pensadores desconectados de los recursos emocionales.[38]

Los Cinco tienden a mantener su vida en secreto porque les cuesta confiar en los demás. Muchos de ellos son introvertidos y llevan una vida estratégica, compartimentada. Dado que se esfuerzan tanto por adquirir la profundidad de su base de conocimientos, los Cinco tienden a hacer acopio de sus conocimientos. Para ellos, el conocimiento es poder, así que es mejor no dar todo el que tienen. De entre todos los tipos, los Cinco son los que tienen un mayor desapego emocional. Esto significa que pueden experimentar un sentimiento y dejarlo ir. No son cautivos de los sentimientos. En la mayoría de las situaciones de apuro se les ocurre una salida.[39]

Rohr afirma que los Cinco son propensos a una especie de vacío, lo que explica que, a diferencia de los Cuatro, persigan la plenitud.[40] Siempre están en busca del siguiente libro, seminario, retiro de silencio, título avanzado o teoría de superación personal. Suelen disfrutar de los viajes y de la búsqueda de museos y lugares de interés educativo. Así, a los Cinco les interesa más viajar a las ciudades europeas que a las playas del Caribe. Los Cinco se preparan y capacitan constantemente. Creen que la adquisición de datos y la obtención presente de conocimientos y habilidades los equipará para el futuro. A los Cinco les encanta desarrollar la mente y lo harán con menoscabo del cuerpo. Como están mentalmente alerta, hay pocas cosas que se les escapen; «valoran la previsión y la predicción».[41] Los Cinco se entregan a dominar lo que consideran valioso y pueden concentrarse por mucho tiempo en proyectos individuales.

Uno de los mayores dones de un Cinco es su neutralidad emocional, que es capaz de aplicar a los demás. Como experimentadores objetivos de la vida, son grandes jueces porque pueden distinguir fácilmente entre los hechos y la empatía. Son reflexivos y cuidadosos en todo lo que hacen. Como consideran a los demás como irracionales, los Cinco son independientes y rara vez reaccionan ante la vida. Más bien, prefieren actuar en el momento que consideran adecuado y solo después de haber reflexionado sobre la mejor forma de hacerlo. Los Cinco prefieren no discutir en el momento, sino retomar el debate días más tarde, después de haber procesado mentalmente el asunto en cuestión.

Son expertos en aprovechar el tiempo y pueden terminar los proyectos por sí solos y a tiempo. Los Cinco buscan conocer de antemano los límites, las expectativas y los plazos. En las reuniones, prefieren que el orden del día se entregue por escrito antes de llegar. También les gusta saber a qué hora terminará la reunión. Disfrutan de la libertad personal y pueden tener un sentido del humor seco, lleno de ingenio y sarcasmo. Muchos los consideran buenos oyentes y les gusta aprender de todo lo que observan. Stabile dice: «Si les preguntas qué "sienten", te dirán qué "piensan"».[42] Además, así como son reservados con ellos mismos, también guardan los secretos de los demás, por lo que son buenos confidentes.

Como son intelectuales comprometidos, los Cinco pueden llegar a ser discutidores y escépticos. Además, son propensos a vivir en el mundo de la teoría y los conceptos y no en el del pragmatismo y el materialismo. Riso observa: «Actúan como "mentes incorpóreas", más preocupados por sus visiones e interpretaciones que por la realidad, y llegan a ser muy nerviosos e intensos». En el peor de los casos, los Cinco pueden volverse solitarios y nihilistas.[43] Muchos comentaristas señalan que la patología de un Cinco no saludable son las tendencias esquizofrénicas. El genio matemático John Forbes Nash, interpretado por Russell Crowe en *Una mente maravillosa*, es un buen ejemplo de un Cinco no saludable.

Muchos tienen a los Cinco por amigos extremadamente leales y para toda la vida. En el mundo de las redes sociales, los Cinco prefieren no autopromocionarse, competir ni demostrar su superioridad. Suelen utilizar las redes sociales para seguir la vida de los demás en lugar de para mostrar la propia. Según Palmer:

«Los Cinco pueden ocultar sentimientos de superioridad, y ansían que se les reconozca o que les atribuyan éxito».[44] Al ser independientes, no suelen necesitar la aprobación de los demás para tener una autoestima positiva.

La mentira que creen los Cinco: «Eres lo suficientemente fuerte como para no necesitar la ayuda y el consuelo de los demás».

La verdad que necesitan los Cinco: «Tus necesidades no son un problema».

Tipo Seis

Una palabra: Cuestionador

Cuatro características: Temeroso, leal, procrastinador, comprometido

Estrategia de supervivencia: «Debo estar seguro y a salvo».

En el mejor de los casos, los Seis son amigos leales, se comportan como héroes por una causa y en un equipo son grandes colaboradores. Sin embargo, el Seis promedio desconfía de los motivos de los demás, sobre todo por los recuerdos de su infancia en los que las personas de autoridad lo defraudaron. Como resultado, los Seis buscan un protector o desafían a la autoridad, a menudo haciendo de abogado del diablo.[45] Les cuesta confiar en la autoridad que ejercen otros. Aunque encuentran consuelo en la ley, el ejército, la iglesia y la comunidad, ven con recelo a las figuras de autoridad de las organizaciones. Según Stabile: «El mundo es una pendiente resbaladiza llena de propósitos ocultos».[46] Se preocupan por los posibles acontecimientos futuros. Incluso pueden temer su propio éxito por la posibilidad de perderlo. Tienden a reaccionar de forma exagerada cuando están estresados; a menudo exageran las circunstancias y los demás los ven como nerviosos, enojados y pesimistas.[47]

Para los Seis, el pecado raíz es el miedo, lo que explica por qué tienen problemas para completar las cosas. En estado saludable, son personas conscientes y se comprometen con una causa mayor. Pero el Seis promedio está condicionado por una historia de comenzar y detenerse una y otra vez. Han desempeñado muchos trabajos, han iniciado varias carreras y dejan tras de sí un rastro de proyectos inacabados. Los Seis suelen encontrar buenas excusas para no seguir en una trayectoria determinada. Una vez que comienzan un proyecto, lo cuestionan. La procrastinación es algo común en los Seis. Viven con ansiedad y dudas sobre sí mismos y, en consecuencia, les resulta más fácil cuestionar que actuar. Los Seis son cognitivos y razonan para evitar posibles peligros.

Dado que forma parte de la tríada del pensamiento (véase el Apéndice para más información sobre las tríadas), el Seis se inclina más por el pensamiento que por la acción. Según Palmer: «Su postura antiautoritaria hace que los Seis se sientan atraídos por las causas de los desvalidos».[48] Como creen que la mayoría de la gente es manipuladora, rara vez reciben cumplidos. Arraigados en el temor, escudriñan constantemente su entorno en busca de señales de peligro, detectan fácilmente la falsedad y las luchas de poder en los demás. Un Seis en su peor momento es paranoico. Los Seis necesitan mucho tiempo para desarrollar confianza, pero suelen comprometerse en matrimonios largos debido a su tendencia a «asumir el problema que haya en el matrimonio».[49] Los Seis poco saludables proyectan fácilmente sus sentimientos sobre los demás. Un Seis que contempla ser infiel, por ejemplo, a menudo asumirá que su pareja también lo hace, porque proyecta sus propias inseguridades en el otro.[50]

De todos los tipos, los Seis son los más complejos. Según Palmer, hay dos tipos de Seis: los fóbicos y los contrafóbicos. Mientras que algunos Seis se adaptan a su tipo de personalidad (fóbicos), otros luchan contra ella (contrafóbicos). La mayoría de los Seis descubren que pueden pasar fácilmente de fóbicos a contrafóbicos, según las circunstancias. Esto hace que los Seis sean los más flexibles de todos los tipos. Palmer escribe: «Un tipo fóbico vacilará, sustituyendo la acción por el análisis, lleno de contradicciones y dudas [...] [pero cuando opera como] contrafóbico, sobrecompensará el miedo y se convertirá en el mejor paracaidista para dominar su miedo a las alturas».[51]

Los Seis fóbicos se caracterizan por la cobardía. Los Seis contrafóbicos corren riesgos innecesarios.[52] Esta complejidad hace que los Seis sean difíciles de detectar, sobre todo porque los Seis contrafóbicos pueden confundirse con los Ocho. Por último, dado que los Seis se resisten a la autoridad, desconfían de teorías como la del Eneagrama y se resisten a ser evaluados. Rara vez veremos a un Seis en un taller del Eneagrama. Los Seis necesitan lugares seguros a donde ir. Una vez que perciben la seguridad, pueden alcanzar grandes logros y hacer maravillosos aliados. Según Rohr, los Seis son el tipo de personalidad más común en la sociedad occidental.[53] La vocación más común de los Seis es la de maestro de escuela.

La mentira que creen los Seis: «No está bien confiar en uno mismo».

La verdad que necesitan los Seis: «Estás a salvo».[54]

Tipo Siete

Una palabra: Entusiasta

Cuatro características: Ameno, realizado, desinhibido, maniático

Estrategia de supervivencia: «Tengo que ser divertido y ameno».

Los Siete destilan alegría y optimismo. Son los hombres y mujeres de la fiesta, que dan brillo al lugar. Llenos de idealismo y esperanza, dan la impresión de que todo es bueno y hermoso. Son encantadores y divertidos, pero a menudo llevan en lo más profundo una herida de infancia que evitan abordar a toda costa mediante la búsqueda de nuevas experiencias y de un activismo incesante. Los Siete aparentan ser todo corazón, pero en realidad operan desde la cabeza. Siguen una motivación estratégica. Rohr y Ebert lo explican así:

> Muchos Siete han tenido experiencias traumáticas, en las que sintieron no estar a la altura. Para evitar que este dolor se repita en el futuro, han desarrollado una doble estrategia: primero reprimieron o blanquearon sus experiencias negativas y dolorosas. Muchos Siete pintan la historia de su vida con colores positivos, incluso cuando el escenario era cualquier cosa menos agradable [...]. En segundo lugar, se han inculcado la idea y han empezado a planificar sus vidas de manera que cada día prometa la mayor «diversión» y el menor dolor posibles [...]. A los Siete les encantaría vivir y morir en Disneylandia.[55]

Los Siete son impulsivos, responden rápidamente a los impulsos y deseos personales. Buscan descargas de adrenalina mediante los cambios, la estimulación y las nuevas experiencias. No hay nada más lejos de su pensamiento que la demora en la gratificación. Como resultado, los Siete son susceptibles de sufrir diversas adicciones y ansiedad crónica. Riso cree que los Siete elegirán casi siempre la cantidad antes que la calidad.[56] Además, para los Siete, la felicidad es algo que debe obtenerse desde el exterior, y no desde el interior. El próximo trago, la próxima fiesta, el próximo éxito, el próximo chiste, la próxima relación: estas son las motivaciones de los Siete. Todo tiene que ser más grande, mejor y más emocionante. De los frutos del Espíritu enumerados en Gálatas 5.22-23, el dominio propio es el más esquivo para los Siete, y la alegría es con diferencia el más presente.

Gran parte de la actividad de los Siete «es una huida de los abismos dolorosos de su propia alma».[57] Como pasan gran parte de su tiempo protegiendo la imagen de que todo es maravilloso, rara vez dejan que alguien se acerque demasiado. Un rasgo suyo es que huyen del compromiso relacional y de exponer su vulnerabilidad. Piensan que sería demasiado doloroso que alguien conociera toda su historia. El dolor hay que cambiarlo de sitio, no sentirlo. En los funerales, los Siete son de los que en seguida declaran lo dichoso que debe de ser para el difunto estar por fin en el cielo. A diferencia de los Cuatro, lo último que querría un Siete tras la muerte de un ser querido sería sentarse en una *shivá*; los Siete no tienen ni idea de cómo vivir el duelo.[58] De hecho, la aflicción significa que uno está haciendo algo mal en la vida. Rohr cree que este tipo de racionalizaciones demuestra la dependencia que los Siete tienen de la cognición como impulso conductor. Al igual que los Tres, corren un peligro constante de que se infle su ego.[59] Y, mientras que los Tres evitan el fracaso, los Siete evitan el dolor.

Mientras que el Seis es pesimista, el Siete es optimista. Sin embargo, hay que tener en cuenta que el optimismo suele ser una estrategia para evitar la realidad, que puede ser dolorosa. Los Siete tratan de evitar las emociones siempre que es posible. Por eso son más propensos a la adicción que cualquier otro tipo. Evitar el dolor, la incomodidad y lo feo es un valor central. Se orientan hacia el futuro porque el futuro es siempre brillante, y eso los ayuda a reformular las luchas presentes. A los Siete les gusta viajar porque así pueden deshacerse de la pesada carga presente y mantenerse sin ninguna relación a largo plazo. Otro valor para los Siete es la experiencia, porque puede emplearse para superar el vacío. El problema, sin embargo, es que, una vez terminada la experiencia, el vacío regresa. Y entonces se requiere otra experiencia. Esto explica en parte por qué los Siete, más que cualquier otro tipo, en su versión menos saludable tienen tendencias suicidas. Los Siete pueden reformular cualquier aspecto negativo para hacerlo positivo... hasta que dejan de poder hacerlo. Cuando chocan con este muro, pueden llegar a ser abusivos con los demás y ponerse en peligro.

Tras su fachada, los Siete a menudo se sienten cargados. Sucumben a la presión de ser siempre el alma de la fiesta. Los demás refuerzan esta presión porque quieren que los Siete los entretengan. Aunque hacen que parezca que no les cuesta, los Siete pueden experimentar estrés para estar a la altura de las expectativas de los demás. Rohr afirma que, allí donde los Dos acumulan amor, los Siete acumulan felicidad. El movimiento carismático de la iglesia contemporánea está lleno de Sietes, para los cuales todo el año es Pascua. Lo estable, seguro y predecible es la peor pesadilla de un Siete. Al igual que los Cuatro, a los Siete no se les dan bien los trabajos de oficina. Sin embargo, estos pueden funcionar con una capacidad muy alta y tienen la habilidad de concentrarse en una misma cosa por mucho tiempo; es decir, hasta que se aburren y necesitan pasar a la siguiente cosa.

La mentira que creen los Siete: «No está bien depender de nadie para nada».

La verdad que necesitan los Siete: «Van a cuidar de ti».[60]

Tipo Ocho

Una palabra: Desafiador

Cuatro características: Seguro de sí mismo, decidido, justo, líder

Estrategia de supervivencia: «Debo ser fuerte y tener el control».

Desde edades muy tempranas, los Ocho llegaron a creer que ser blando es una desventaja. Por ello, lo compensan con fuerza, franqueza y confrontación. A veces, su punto fuerte es una estrategia de supervivencia desarrollada en la infancia para que no se aprovechasen de él o para demostrar que es apto para un grupo social (como cuando un miembro de una banda demuestra su valor al resto). A menudo toman el control de una situación porque temen estar bajo una autoridad injusta. Están listos y dispuestos para luchar por los desvalidos. Según Rohr, desde afuera, debido a su personalidad agresiva, se les confunde con los Uno. El sexo y las peleas son formas de conexión de los Ocho con los demás.[61]

Los Ocho se crecen en el desacuerdo, ven la vida a través de una lente de blanco y negro. Las personas son amigos o enemigos, y las situaciones son correctas o incorrectas. Son intensos.[62] Rara vez se disculpan, y les cuesta admitir los errores, para no aparentar debilidad.[63] Los Ocho desconfían de los demás hasta que se demuestre lo contrario, pues creen que el mundo es hostil y amenazante. Tienen una disposición contraria hacia los demás. Afortunadamente, los Ocho tienen una aguda percepción de la injusticia y, la mayoría de las veces, están dispuestos a enfrentarse a ella. Pueden ser grandes líderes, ya que intuitivamente ensanchan su campo de actuación para satisfacer cualquier necesidad que exista en un momento dado. Los Ocho son protectores de la causa de los débiles, no temen utilizar su fuerza en causas justas.[64] Así, los Ocho son grandes líderes de movimientos. Muchos abogados son del tipo Ocho. Sin embargo, a veces no se aplican primero a ellos mismos la honestidad que exigen a los demás.

Mientras que los Uno reforman un sistema desde dentro, los Ocho lanzan ataques contra el sistema hasta que este cambia o cae. Evitan toda percepción de debilidad, impotencia y subordinación. Al contrario de lo que se esperaría, los Ocho no luchan tanto con la rabia y la ira como con la pasión. Son personas lujuriosas y llenas de deseo que siguen sus instintos. En el peor de los casos, esto significa que tienden a explotar a los demás y a no respetar su dignidad. Los Ocho saludables, que disfrutan en las represalias, aprenden a contener su fuerza y a canalizarla en direcciones útiles. Por ejemplo, en la época de los derechos civiles, Martin Luther King descubrió la fuerza de la no violencia en lugar de la fuerza brutal para lograr el cambio.

A los Ocho no saludables se les acusa de controlar a los demás. Sin embargo, lo que en última instancia buscan los Ocho es no estar bajo el control de otros. Una relación romántica tóxica con un Ocho suele derivar en un sentimiento de posesión o dominación.

Una de las facetas más interesantes de los Ocho es la frecuencia con la que los demás los malinterpretan. Son más tiernos de lo que la gente percibe. Su dura coraza exterior oculta su interior tierno. Pocas personas llegan a reconocer esto en los Ocho porque se esfuerzan por ocultar lo que hay bajo la coraza. Entre las muchas razones que justifican esta interpretación está que hablan con imperativos, se impacientan ante la indecisión y no soportan que los demás «se vayan por las ramas».[65] Los Ocho rara vez se dan cuenta de que los demás los perciben como desagradables o agresivos. Para ellos, rehuir la verdad es una falta de respeto. No suelen hostigar a los demás, su principal competencia son ellos mismos.

La mentira que creen los Ocho: «No está bien confiar en cualquiera».

La verdad que necesitan los Ocho: «No te van a traicionar».[66]

Tipo Nueve

Una palabra: Pacificador

Cuatro características: Pacífico, tranquilizador, autocomplaciente, negligente

Estrategia de supervivencia: «Debo mantener la paz y la calma».

A menudo, los Nueve recuerdan que en su infancia se sintieron ignorados. Con el tiempo, empezaron a creer que los intereses y necesidades de los demás eran más importantes que los suyos. Suelen ser vistos como personas insensibles al mundo. Los Dos y los Nueve se parecen. Pueden seguir fácilmente la corriente, prefieren no marcar ellos el ritmo, sino ayudar a los demás en el camino. Los Nueve son los que mejor transmiten la proverbial pregunta: «¿No podemos llevarnos todos bien?». De los Nueve se dice que les cuesta distinguir las tareas que son urgentes de las que no lo son. Así, pueden encontrarse con muchas tareas pendientes, sin saber cuáles abordar primero. Palmer afirma que, a medida que pierden el contacto con sus anhelos personales debido a la importancia que dan a los deseos de los demás, los Nueve desvían la energía hacia actividades inocuas, como ver la televisión.[67] Les falta concentración y determinación.

A los Nueve no les gusta decir que no, por temor a verse apartados. Como consideran que sus opiniones no tienen más importancia que las de los demás y como fácilmente pueden considerar válidos todos los puntos de vista, les es fácil verse persuadidos hacia el punto de vista de otro. En un conflicto, la decisión de los Nueve puede a veces ser no tomar ninguna decisión. Sin embargo, son excelentes mediadores. Mientras que los Ocho son grandes abogados, los Nueve son grandes jueces gracias a su capacidad de ver los múltiples lados de un argumento. Son capaces de expresar verdades duras con calma, lo que ayuda a que los demás reciban sus palabras.[68] Según Palmer: «Su carga es que sufren porque no saben lo que quieren, y su bendición es que, al haber perdido una posición personal, suelen ser capaces de identificarse intuitivamente con la experiencia interior de otras personas. Si te identificas con todos los tipos del Eneagrama, es muy probable que seas un Nueve».[69]

A los Nueve les gusta el ritual, la familiaridad y la paz. De apariencia humilde, los Nueve suelen ser inseguros y se tienen en poco.[70] Se les reconoce por sus problemas con la pereza. El lado bueno de ese vicio es que son propensos a la no violencia. En su debe, hay que decir que dejan para el final las tareas más importantes del día, reemplazando las necesidades esenciales por sustitutos no esenciales.[71] Debido a la ira que reprimen, los Nueve pueden sufrir de agitación interior y hostilidad pasiva. Al igual que los Dos, los Nueve tienen dificultades para mantener una posición personal porque se preocupan más por estar de acuerdo o no con el punto de vista de otro que por desarrollar el propio. A veces se malinterpreta el silencio de los Nueve como un acuerdo tácito, cuando en realidad puede tratarse simplemente de indecisión. A los demás les parece que los Nueve están en piloto automático. Aunque los demás los ven como increíblemente talentosos e ingeniosos, los Nueve pueden estar soportando una carga completa, sin soltar ni los detalles. Con el tiempo, esto produce una acumulación que puede llevar al agotamiento o a la implosión emocional. El joven Frodo Bolsón de *El señor de los anillos* es un clásico Nueve desde el principio. Motivarlo para que salve al mundo del mal inminente es un hito difícil, lo que, irónicamente, demuestra que es un candidato viable, puesto que no tiene interés en el poder autoritario. A lo largo del viaje, Frodo se mueve hacia un ala del Ocho (ver el Apéndice) y se transforma para la tarea.

Mientras que el Ocho necesita estar en contra de algo, el Nueve busca evitar el conflicto por completo. Los Nueve, según Stabile, «son los que menos energía tienen de todos los tipos porque están limitados interna y externamente. Como creen que tener propósitos personales amenaza la armonía, dejan a un lado su opinión y siguen a los demás».[72] De todos los tipos, son los menos controladores. Suelen mantener relaciones largas; disfrutan de la naturaleza, son buenos en los puestos ministeriales y saborean los placeres sencillos de la vida.

La mentira que creen los Nueve: «No está bien hacerse valer».

La verdad que necesitan los Nueve: «Tu presencia y tu opinión son importantes».[73]

práctica

Intenta identificar tu tipo principal. Si sigues creyendo que es posible que tengas varios, aquí tienes algunas preguntas de recordatorio que te ayudarán a identificarlo:

1. ¿Qué tipo te produce mayor humillación?

2. ¿Puedes decir cuál es tu ala? Esto es útil si crees que tu tipo principal podría ser uno de dos. Infórmate más en la sección del Apéndice sobre las alas.

3. ¿Le has pedido a un buen amigo o a tu pareja a que te ayude a identificar tu tipo principal? Solo tú tienes acceso a tus motivaciones, pero las personas más cercanas a nosotros pueden aportar una excelente información.

4. Haz un test de Internet.[74] Recuerda que el Eneagrama es una teoría de motivaciones, no una teoría del comportamiento. Esto significa que a menudo no eres consciente de qué mueve tu comportamiento. Por lo tanto, las evaluaciones pueden ayudarnos a reducir el margen, pero no son métodos fiables para identificar el tipo principal de cada uno.

La gracia no es lo opuesto del esfuerzo, sino de la necesidad de ganarse las cosas.

—Dallas Willard

Si alguien quiere ser mi discípulo, tiene que negarse a sí mismo, tomar su cruz y seguirme.

—Mateo 16.24

> **LA PREGUNTA DEL ESCÉPTICO:** La cuestión principal del Eneagrama es descubrir mi número (eneatipo), ¿no es así?
>
> **RESPUESTA:** No. El Eneagrama es un medio de autoconocimiento para la transformación y no un fin en sí mismo.

Ante una gélida mañana de invierno, comenzó a arder en mi interior una pregunta candente. Una treintena de líderes comunitarios se reunieron para pasar un día con la sabiduría de Suzanne Stabile. Estaba impartiendo un taller de Eneagrama en Greenwich, Connecticut, organizado por Ian Morgan Cron. Todavía no habían escrito lo que se convertiría en su maravilloso libro *El camino de regreso a ti*. Cuando terminó de dar su clase, me dirigí al atril con una pregunta que me abrasaba: «¿Quién está escribiendo sobre el Eneagrama como herramienta para el discipulado cristiano?».

Suzanne hizo una pausa. Bajó la mirada y luego volvió a mirarme, musitando: «No me viene nadie a la cabeza ahora mismo».

«¿Me *tomas el pelo*?», pensé.

Sabía que en ese preciso instante mi vida estaba a punto de cambiar hacia una nueva obsesión. Durante el año siguiente, me sumergí en todos los libros disponibles sobre el Eneagrama, decidido a usar la teoría como una herramienta transformadora para la salud de la iglesia y la gloria de Dios. Para mí, el Eneagrama es un medio para el crecimiento espiritual, no un fin para reducirnos a nosotros mismos y a los demás a un número. Hay que ver el Eneagrama como un río que alimenta una masa de agua mayor, no como un embalse. Es una vía pública, no un callejón sin salida.

El problema del discipulado

Como pastor, a menudo trato de tomar perspectiva para preguntarme qué es lo que tiene que hacer la iglesia local. Es fácil perderse en la rutina de predicar, planificar y programar. Esas son tareas necesarias en una iglesia local, pero las tareas por sí solas no bastan.

A menudo me pregunto por los otros seis días de la semana. ¿Cómo estamos equipando a las personas para la formación espiritual en la vida cotidiana? ¿Cómo está equipada la iglesia para *ser* la iglesia? ¿Los miembros tienen las herramientas que necesitan para crecer el resto de días aparte del domingo? ¿Ayudamos a las personas a discernir su singularidad y la forma en que pueden aprovechar al máximo el llamado que Dios les ha dado?

Con demasiada frecuencia, y por razones muy diversas, la iglesia ha tratado de «dosificar» la formación espiritual. Tendemos a tratar a los seres humanos como artilugios y damos por sentado que una misma talla (o, en este caso, una práctica) vale para todos. La estrategia de discipulado implícita en muchas comunidades religiosas tiene cinco partes:

1. Preséntate el domingo.
2. Lee la Biblia.
3. Ora.
4. Ofrenda.
5. Repite el proceso.

Después de unos treinta años de discipulado cristiano, lo que se espera es que la persona se parezca más a Jesús y actúe un poco más como Él. Pero la mayoría de la gente no se siente cambiada; solo se siente más vieja, quizás un poco más escéptica. En la iglesia en la que me crie, nunca me enseñaron que hay gran variedad de maneras de encontrarse con las Escrituras, o que tal vez mi personalidad es más adecuada para un tipo particular de estudio que para otro. Nunca me enseñaron que hay muchas formas de orar, que los dones de oración profética, contemplativa y de intercesión son más naturales (y sobrenaturales) para algunos tipos de personalidad que para otros.

Aunque estoy a favor de cada una de las cinco prácticas mencionadas, no creo que si adoptamos un enfoque único para la formación espiritual podamos esperar una madurez óptima. El experto en Eneagrama Don Richard Riso sugiere que no existe una única práctica espiritual que sea adecuada para todas las personas en todos los lugares y en todo momento.[1] Las iglesias necesitan formar a las personas en varias prácticas espirituales porque las distintas personas tienen motivaciones distintas.

Aquí es donde el Eneagrama es sumamente útil, porque solo podemos cambiar aquello que somos capaces de nombrar. El Eneagrama nos ayuda a nombrar los patrones subconscientes que impulsan nuestro comportamiento visible en el mundo. Una vez que despertamos a esos patrones —y a sus motivaciones— podemos discernir las prácticas espirituales específicas que apoyarán nuestro crecimiento hacia la madurez.

«Discipulado» es un término elegante para describir el camino de sometimiento que elegimos para ser formados espiritualmente conforme a la imagen de Jesús. Esta búsqueda activa adquiere la forma de prácticas espirituales, que son disciplinas que aprueban el trabajo lento y paciente de Dios en nosotros a lo largo del tiempo. No hay que perder de vista que la intención de las prácticas espirituales es siempre la conexión relacional con Dios, no las prácticas en sí. Cuando la propia práctica se convierte en el objetivo, puedes estar seguro de que el espíritu religioso del deber está al acecho (algo de lo que hablaré más en el próximo capítulo).

La exposición a la presencia de Dios a través del compromiso con la práctica espiritual es, por tanto, lo que lleva a la transformación y, en última instancia, a unirse a Dios en la renovación de la creación. No nos quedamos en el Eneagrama como herramienta para clasificar a las personas, sino que vamos más allá y utilizamos el conocimiento de uno mismo que nos da y creamos una práctica espiritual personalizada que sirva como herramienta poderosa para transformar el ego.

Sandra Maitri nos recuerda: «el Eneagrama es solo un mapa [...]. No solucionará nuestros problemas, ni resolverá nuestras cuestiones ni nos conectará con nuestras profundidades. Es solo información, su función es orientarnos y guiarnos en nuestro trabajo interior y, a menos que se ponga en práctica ese conocimiento, no nos beneficiamos de él. Si se queda solo en lo intelectual, puede estimular nuestra mente y proporcionarnos una diversión y un entretenimiento interesantes, pero esto no debe confundirse con el trabajo real de transformación. Ese esfuerzo no es ni rápido ni fácil».[2]

Desde aquella fría mañana de invierno de 2015, mi deseo en cuanto al Eneagrama ha sido (1) desmitificar la idea de esta teoría como una solución a nuestros mayores anhelos y (2) utilizar la teoría como una forma de ayudar a las personas a crear una senda espiritual personalizada hacia una transformación más profunda. El Eneagrama es simple pero profundamente un método para nombrar nuestros motivos —tanto los que son saludables como los que no— con el fin de elegir nuevos hábitos para una transformación continua de la vida.

La invitación al discipulado

Llegar a ser como Jesús no es algo que pueda ocurrir accidentalmente. Siempre es algo radicalmente intencional. Por lo tanto, para el crecimiento espiritual es vital discernir las prácticas específicas. A continuación presentamos dos sugerencias por eneatipo. Estas sugerencias no son prescriptivas y, como todo el mundo tiene dentro todos los tipos, muchos encuentran significativas las prácticas enumeradas en otro tipo. Toma aquello que te sea útil.

Se asignan dos prácticas a cada tipo: lo que yo llamo una práctica «corriente abajo» y una práctica «contra corriente». Recuerda que el Eneagrama es como un río que desemboca en el propósito mayor de la transformación de la vida. La práctica corriente abajo les resultará fácil a quienes se identifican con un tipo determinado, como si fueran llevados por la corriente de un río. Esto es bueno y debe continuar. En cambio, la práctica contra corriente quizás no les resulte fácil a quienes se identifican con ese tipo concreto. Lo que ocurre con frecuencia en el discipulado es que hacemos lo que se nos da bien e ignoramos el resto. Digámoslo con otra metáfora: en el gimnasio, puedo hacer *curls* de bíceps todo el día, pero, por mucho que me pagaras, no me pondría en la máquina de las sentadillas. Sin embargo, si solo hago los ejercicios que me salen naturalmente, acabaré con un cuerpo desequilibrado. Este mismo principio se aplica a las disciplinas espirituales. Tenemos que discernir qué nos gusta menos y afrontarlo. Las disciplinas contra corriente son fundamentales porque son las que cada tipo trata de evitar. Al evitar las disciplinas contra corriente, a menudo evitamos una transformación integral. Y la verdad es que el carácter, la madurez y el crecimiento se construyen en el transcurso de tu confrontación interior.[3]

El Eneagrama aporta información sobre dónde es más necesaria la confrontación. Estas áreas hay que explorarlas, no ignorarlas. Riso dice: «Subir los niveles de desarrollo hacia la integración requiere siempre una lucha contra todo lo que nos arrastra hacia abajo».[4] Los viticultores dan fe de que el mejor vino se crea solo después de que las uvas compitan por los nutrientes suministrados desde las raíces. En otras palabras, deben sufrir. El sabor del buen vino proviene de la lucha y el sufrimiento, transformados en algo nuevo y agradable para los demás. Del mismo modo, cuando conocemos a una persona amable, cariñosa y sabia, podemos estar seguros de que esa persona ha forjado su carácter enfrentándose a sus luchas internas.

Al final de cada tipo, recomendaremos una temporada del calendario eclesiástico como el momento más importante del año para su compromiso activo. (También encontrarás una lista más completa de prácticas espirituales en el Apéndice).

Por último, resístete a la tentación de elaborar un plan en esta etapa. Simplemente toma consciencia de las diferentes prácticas y comienza a discernir cuáles son las que te sientes llamado a emprender en esta temporada. Al final del capítulo 6, encontrarás una guía para crear una regla de vida. Aquí es donde te comprometerás concretamente a un ritmo continuo de disciplina espiritual.

Tipo Uno

El vicio de los Uno es la ira, y su virtud es la serenidad. Por lo tanto, hay que seleccionar las prácticas teniendo en cuenta esta trayectoria de transformación. Al igual que el tipo Nueve, el Uno también encuentra útiles los paseos por la naturaleza como práctica corriente abajo. La naturaleza no solo rejuvenece un alma cansada, sino que también disminuye la tentación de juzgarse y criticarse a uno mismo al alejar el foco de atención de sí mismo y trasladarlo a algo más grande, más salvaje e imposible de controlar. Ver a Dios en la naturaleza puede restaurarte y calmar cualquier ira. Aunque nuestro mundo interior no sea perfecto, la promesa de Dios es perfeccionarlo todo a su debido tiempo. La naturaleza nos recuerda el poder, la belleza y la capacidad de Dios para hacerlo.

Para el tipo Uno, la disciplina contra corriente es llevar un diario. Lo difícil de llevar un diario es la confesión honesta que se da en el papel. Es difícil expresar verbalmente la imperfección, pero dejar constancia de ella en el papel puede ser doloroso a nivel emocional. Cuando ponemos por escrito los gritos del corazón, puede parecer más oficial y de alguna manera más verdadero que si lo dejamos en la cabeza. Por lo tanto, es fácil entender por qué puede ser difícil llevar un diario, sobre todo para los Uno.

Sin embargo, el diario tiene un aspecto que le proporciona esperanza al Uno. Al registrar los detalles de la vida (lo bueno, lo feo y lo malo), tenemos una sensación de conjunto. Algunos se refieren a esto como una especie de «elevación», en la que se crea distancia para ganar perspectiva. A quien es propenso a sentirse abrumado, poner en perspectiva las complejidades de la vida le puede dar alivio. Poner las cosas por escrito nos permite revisarlas y entenderlas de manera diferente a si las dejamos escondidas en nuestro subconsciente o dejamos que pesen sobre nosotros emocional y mentalmente. Al escribir el diario, uno debe centrarse no solo en los retos, las imperfecciones y las tensiones de la vida, sino también en lo que es bueno y lo que funciona en la vida. Para el Uno, la celebración y la acción de gracias son componentes clave para la transformación continua.

El día del calendario eclesiástico en que los Uno deben centrarse es el Viernes Santo. La tradición cristiana observa este día como el más doloroso de toda la historia de la humanidad. En este día, Dios cargó con el pecado del mundo por medio de la muerte de Jesús en la cruz. Hay que recordar cada año que «Él fue traspasado por nuestras rebeliones, y molido por nuestras iniquidades; sobre él recayó el castigo, precio de nuestra paz, y gracias a sus heridas fuimos sanados» (Is 53.5). Todas las imperfecciones fueron cargadas sobre Jesús, el perfecto. La tradición eclesiástica occidental incluye una observancia litúrgica del Viernes Santo llamada Tenebrae, que sirve para observar de una forma consciente lo sucedido en la cruz. En el servicio de Tenebrae, después de las lecturas secuenciales del relato de la crucifixión, se apagan las velas. Cuando se apaga la última vela, la congregación se retira en silencio, recordando el significado de la muerte de Jesús. A los Uno les impresiona la importancia de este servicio porque les recuerda que no tienen que cargar con sus imperfecciones solos. Pueden entregárselas a Dios y confiar en su plan eterno y en su compromiso con el proceso de madurez.

Tipo Dos

Los Dos tienen que aprender a servir *desde el* amor y no *para el* amor. Así, lo que debe motivar el servicio de un Dos es recibir el amor de Dios (y no recibir el amor de aquellos a los que se sirve). Las prácticas espirituales pueden ayudar a ello.

Los Dos son una paradoja. Aunque con frecuencia son los mejores servidores, su vicio es el orgullo. Un Dos saludable y transformado se conducirá en profunda humildad. Las disciplinas hay que seleccionarlas teniendo en cuenta tanto el vicio como la virtud. La disciplina corriente abajo de los Dos es la hospitalidad. Los Dos saben cómo bendecir a los demás. Les resulta fácil abrir sus casas, sus corazones y sus bolsillos. La clave para un Dos transformado está en servir a los demás como un fin y no como un medio. Los Dos saludables no sirven por obligación, sino por convicción. Los Dos transformados dan porque quieren,

prácticas espirituales para cada eneatipo

no porque tienen que hacerlo. También sirven y dan sin esperar nada a cambio. Cuando los Dos operan desde un estado saludable, la hospitalidad es una aspiración piadosa (Ro 12.13; 1 Ti 3.2; Tit 1.8; Heb 13.2; 1 P 4.9). Esto puede manifestarse en la organización de cenas para invitados, en servir en viajes misioneros, contribuir a proyectos locales, servir en la iglesia local o en una organización, o simplemente estar a disposición de los demás en un momento de necesidad. Organizar una cena mensual para amigos, conocidos o desconocidos es un ritmo y una disciplina muy útil, sobre todo en un contexto occidental tan atareado e individualista. Los Dos deben practicar la hospitalidad, pero sin esperar que nadie les devuelva el favor.

La práctica contra corriente de los Dos es la oración centrada. Esta forma de oración se ha utilizado a lo largo de los siglos y ha sido revitalizada en las últimas décadas por Thomas Keating, un monje trapense de Snowmass, Colorado. La oración centrada es una forma de quietud que prioriza el ser sobre el hacer. Exige que el discípulo simplemente se muestre ante Dios y renuncie a cualquier impulso de productividad o acción. Los recién llegados a esta práctica suelen relacionar su respiración con una palabra. Esta palabra bloquea en parte el lóbulo frontal del cerebro y ayuda a la persona a estar en quietud, a escuchar y a sentarse ante Dios. Para los inquietos Dos, la soledad puede ser una lucha porque es como una mirada existencial al espejo. La oración centrada se sitúa en el modo apofático de la espiritualidad, lo que significa que se accede a ella a través de la negación o el desconocimiento. El objetivo de la espiritualidad apofática no es adquirir información, sino ralentizarse, ser y descansar con Dios. Connota la adición por sustracción, una senda que se ha perdido en gran parte de la iglesia occidental. (Para profundizar en este camino, la obra fundamental de Keating *Mente abierta, corazón abierto* es un recurso inicial útil).

El día del calendario eclesiástico al que más deberían prestar atención los Dos es el Jueves Santo. En inglés es «Maundy», del latín *mandatum*, que significa «mandamiento». El mandamiento que Jesús dio durante la Última Cena fue el de amarse los unos a los otros. Lo puso de manifiesto lavando los pies de los discípulos. Cuando Pedro se resistió, Jesús le dijo: «Si no te los lavo, no tendrás parte conmigo» (Jn 13.8). Los Dos se sienten más cómodos lavando los pies que si otros se los lavan a ellos. Este día los fuerza a ser atendidos en lugar de servir. Su vicio de orgullo los hará resistirse. La humildad debe llevarlos más allá de esa tentación y abrirlos a recibir el lavamiento.

Tipo Tres

Las disciplinas espirituales que confrontan el engaño y producen autenticidad son valiosas para los Tres. A los Tres, la preocupación por la imagen y cómo son percibidos les impide acceder a su verdadero yo. Esto explica por qué a menudo carecen de consciencia de sí mismos. Para este tipo, las prácticas corriente abajo pueden ser cualquier cosa catafática, un modo de espiritualidad que connota afirmación y absorción. Prácticas como el estudio de la Biblia, los grupos de lectura y los cursos espirituales son útiles para los alumnos catáfagos. Para un Tres, un plan de lectura bíblica de 365 días es algo beneficioso. De una manera natural, el plan apelará al sentido de orientación de los Tres hacia las metas y les dará la oportunidad de lograrlas. Esta clase de planes inspiran a este tipo para lograr un resultado deseable.

La práctica contra corriente que desafiará a los Tres es la confesión. La confesión requiere que el discípulo entre en contacto con lo que está bajo la superficie. Los Tres se esconden de la autenticidad como estrategia para proteger su imagen en el mundo. Aunque algunas tradiciones eclesiásticas celebran y ofrecen procesos formales de confesión, esta práctica ha disminuido enormemente en los últimos siglos. Esto se debe en parte al aumento del individualismo y de la espiritualidad privada.

Sin embargo, no hay que descuidar el texto bíblico que le pide a la iglesia: «confiésense unos a otros sus pecados» (Stg 5.16). Ya sea que se confiesen con un sacerdote, con un amigo o con un grupo de creyentes, es vital que los Tres mantengan esta práctica. La confesión requiere un autoexamen, una conexión emocional y luego un humilde arrepentimiento de los pensamientos y conductas. Como escribe Riso: «El cambio y la transformación no ocurren, ni pueden ocurrir, sin emoción, sin que se mueva el corazón».[5] Aunque la confesión es algo exigente, la práctica invita a los Tres a pasar del autoengaño a la autenticidad. Partiendo de su interpretación de la *Filocalia*, una colección de enseñanzas de los padres del desierto, Anthony Coniaris afirma que «ser espiritual es estar en el proceso de ser una nueva creación en Cristo».[6] Al igual que los Uno, los Tres tienen que reconciliarse con el viaje, confiando en que no tienen que ser perfectos ni proyectar la ilusión de ser competentes.

Otra recomendación para este tipo es la del ayuno frecuente de redes sociales, lo que significa renunciar a las demostraciones públicas de éxito. De acuerdo con los ayes a los fariseos en Mateo 23, una de las cosas que Jesús más desprecia es el externalismo. Los Tres tienen que esforzarse para librarse de la simulación y por controlar la forma en que los demás los perciben. Básicamente, los Tres viven en el purgatorio de la meritocracia.

A los Tres les resulta fácil la liturgia, pero el procesamiento emocional y la oración en quietud son un trabajo duro. La Cuaresma es una buena época para que los Tres practiquen, pero el día del calendario eclesiástico al que los Tres deben prestar más atención es el Miércoles de Ceniza. Este día invoca la seriedad de que todos vamos a morir. Llama a la iglesia a examinar el significado de las actividades y los logros y a ajustar aquello que no tiene sentido y que propicia la vanidad. La transformación es un viaje difícil para todos, pero es especialmente difícil para los Tres porque deben renunciar a la ilusión y enfrentarse a la realidad.

Tipo Cuatro

Los Cuatro luchan con la envidia y deben esforzarse por alcanzar el equilibrio emocional. Las prácticas deben elegirse teniendo en cuenta esta vía de transformación. Las prácticas corriente abajo que les resultan fáciles a los Cuatro son la soledad y llevar un diario. La soledad les proporciona un espacio para soñar, imaginar y pensar de forma creativa. Sin la soledad, los Cuatro se sienten secos. Escribir un diario les ofrece páginas para explorar el sentido de la vida y liberar el torbellino del monólogo interior. Los Cuatro disfrutan cuando oran siguiendo un diario. Como medio de evitar la preocupación por sí mismo, este tipo debería procurar interceder por los demás cuando está en soledad y cuando lleva un diario. A menudo, si la vida va bien, esta preocupación puede llevar a la arrogancia, o, si no es así, a la depresión. Lo que los Cuatro querrán evitar en la soledad y en el diario es centrarse exclusivamente en sí mismos.

La práctica contra corriente que los Cuatro necesitan, pero que intentarán evitar, es la celebración de las fiestas. La fiesta no debe verse solo como un momento para comer, beber y alegrarse, sino también para tener presentes a personas concretas con las que se puede cultivar la alegría, la paz y la acción de gracias. Decir en voz alta por qué se está agradecido abre a la comunidad a experimentar la alegría y la celebración. La alegría engendra alegría. Esta práctica ayudará al Cuatro a salir de sí mismo y además lo forzará a alejarse de la melancolía. Los Cuatro deberían programar celebraciones periódicas con personas que conocen y en las que confían. Muchos Cuatro defienden la necesidad de prácticas que requieren una estructura y un horario de sueño regulado.

El día del calendario eclesiástico más importante para los Cuatro es el de Pascua, el Domingo de Resurrección. Este día es una gran celebración de que la luz ha llegado, de que la muerte no ha vencido a pesar de la oscuridad del Viernes Santo. Muchos Cuatro pueden enmascarar su oscuridad aparentando estar en la luz. El día de Pascua les recuerda que, por muy oscuro que sea su mundo interior, por la mañana llega la alegría, y habrá un día en que esa luz matinal permanecerá para siempre. Estas prácticas y momentos del ciclo anual contribuirán a la transformación de un Cuatro, que pasará de la envidia al equilibrio emocional.

Tipo Cinco

Los Cinco libran una batalla con la codicia y deben avanzar hacia el desapego. Aunque su codicia puede ser económica, lo más probable es que sea codicia de conocimiento. Rara vez comparten su visión a menos que se les pida, y no se sienten obligados a hacer valer su voz. Muchos Cinco se contentan con atesorar sus conocimientos y no buscan la validación de los demás. No se dan cuenta de que, si lo comparten, lo que saben puede bendecir a otros. La práctica corriente abajo para este tipo es el estudio bíblico inductivo. Este método de lectura de las Escrituras involucra a la mente a la vez que fomenta un sentido de crecimiento hacia Dios. Por ejemplo, cosas que pueden tocar profundamente a los Cinco son una palabra en la lengua original o entender algo sobre el carácter de Dios. La lectura de libros sobre diversos temas también es una práctica útil para ellos.

La disciplina contra corriente de los Cinco son los proyectos de servicio regulares. Los Cinco deben tratar de salir de sus cabezas y poner en marcha sus manos. Para los Cinco, comprometerse con una misión consistente, como Hábitat para la Humanidad, un comedor social o un programa de apoyo escolar, supondrá un reto, pues prefieren quedarse dentro de su mente y adquirir información. La Shemá, en la Biblia hebrea (Dt 6.4), le recuerda al discípulo que los seres humanos han sido creados para adorar a Dios con todo su ser, no solo con la mente. Para la transformación continua de este tipo es necesario involucrar al cuerpo. Cuando sirven a los demás, los Cinco recuerdan que el conocimiento puede alcanzarse tanto con las manos como con la cabeza.

La temporada a la que los Cinco deben prestar especial atención es la de Navidad. En estos días marcados como los doce días de Navidad, la iglesia celebra la llegada del Mesías. La Navidad es una temporada que ellos necesitan porque los devuelve a la carne, a la encarnación. El eterno Hijo de Dios se encarnó en un cuerpo. La espiritualidad es a la vez cerebral y carnal. Los Cinco deben rechazar la división espíritu-materia y desarrollar una imaginación sacramental que represente que a Dios le importa la materia física. Los doce días de Navidad sumergen a los cristianos en esta verdad.

Tipo Seis

El vicio del tipo Seis es el miedo. Las prácticas transformadoras harán que este tipo pase del miedo al valor. Cantar y escribir un diario son prácticas naturales para este tipo. El canto les recuerda a los Seis la verdad que pueden afirmar. Cantar junto a otros consolida la realidad de que no están solos en sus convicciones. Escribir un diario ayuda a los Seis a sentirse más seguros, pues les permite nombrar los miedos de la vida y reflexionar sobre ellos por escrito. Es una forma de sentir que tienen cierto control o dominio sobre las situaciones, aunque no lo tengan. La práctica corriente abajo a la que deben comprometerse los Seis es una forma específica de leer la Escritura, con la *lectio divina* («lectura divina» en latín). En el siglo sexto, Benito de Nursia desarrolló este método meditativo de lectura de las Escrituras. El método da prioridad a lo que Dios está diciendo hoy tanto como a lo que habló hace años. La *lectio divina*, después de seleccionar un texto, invita al Espíritu Santo a entrar en la lectura, mientras mueve al lector en cuatro direcciones distintas: leer, meditar, orar y contemplar. El beneficio de esta forma de leer la Escritura para los Seis es que aporta una mezcla de espiritualidad catafática y apofática. El lector es capaz de discernir la Escritura, lo que genera convicción y valor. Sin embargo, esta forma de leer la Escritura también invita al discípulo a descansar al final. Para un Seis sumido en el miedo ante diversos aspectos de la vida, esta práctica es esencial y natural.

La práctica contra corriente para este tipo es la memorización de las Escrituras. No cabe duda de que la memorización de las Escrituras puede parecer una disciplina anticuada, difícil para la mayoría en un mundo de frases hechas, redes sociales y sobreestimulación. La memorización de las Escrituras puede ayudar a los Seis en su transformación porque realizan un compromiso con las Escrituras que va más allá de la simple lectura. Dondequiera que vayan, se enfrenten a lo que se enfrenten, los Seis tendrán las Escrituras sembradas en su alma y podrán recordarlas en los momentos difíciles y de ansiedad. Lo ideal es elegir pasajes que le recuerden a la persona la esperanza y el valor en tiempos de miedo y decepción. Por ejemplo, cuando nos enfrentamos a una circunstancia aparentemente insuperable, tiene valor recordar el encargo dado a Josué de ser fuerte y valiente. Además, la memorización de las Escrituras apela a los discípulos a someterse a la autoridad de la Biblia, y los fundamenta sobre una realidad objetiva más allá de sus circunstancias. Esto puede servir de refugio seguro en medio de la confusión y la transitoriedad.

La temporada del calendario eclesiástico que los Seis deben abrazar plenamente es la de Adviento. Adviento es el recordatorio de que las tinieblas no tendrán la última palabra; la Luz viene. La encarnación le enseña a la iglesia que el miedo nunca tendrá la última palabra. Los Seis harían bien en prestar atención a esta época del año y vivir en la tensión del «ahora» del reino de Dios y el «todavía no» de este mundo caído. Esta perspectiva no elimina la posibilidad de que los peores escenarios se hagan realidad, pero sí proporciona la esperanza de que todo lo que ocurra está dentro del propósito soberano de Dios y que Él hará que todas las cosas sean para bien.

Tipo Siete

La transformación de los Siete es la invitación a pasar de la gula a la sobriedad. En el siglo veintiuno, el término «gula» se relaciona con el problema de la obesidad que existe en Estados Unidos y otros países occidentales ricos. Comer en exceso es sin duda una forma de gula, pero el problema va más allá de las tallas. El exceso se ha convertido en un valor de Occidente. Los estadounidenses lo «sobredimensionan» todo, desde las hamburguesas y el alcohol hasta las tarjetas de crédito y el entretenimiento. Pasamos el fin de semana entero «viendo» programas de televisión. Los Siete son especialmente propensos a los excesos en diversos ámbitos de la vida. Para seleccionar sus prácticas hay que tener esto en cuenta. La práctica corriente abajo que se recomienda para los Siete es la celebración de fiestas. Muchos Siete son gregarios, extrovertidos y les entusiasma estar entre amigos. Se alimentan de energía y rara vez eluden situarse en el centro. Celebrar fiestas les da un motivo para disfrutar de la vida con los demás. Cuando están en la fiesta, los Siete deben conectarla con un propósito, como tener conversaciones significativas que desarrollen relaciones u orar junto a otros. Cuando están de celebración, los de este tipo deben tener en cuenta la propensión a los excesos y deben procurar no excederse en nada. También deben recordar que la Escritura dice que el cuerpo es templo del Espíritu Santo (1 Co 6.19). En segundo lugar, los Siete no deben aprovechar la fiesta para soslayar su vida interior. Cultivar una vida interior robusta aporta más significado a la hora de festejar con los demás. Cuando un Siete deja de buscar a otras personas al estar de fiesta y se limita a procurar la atención sobre sí mismo, puede ser un indicio de que el amor propio ha ocupado el centro.

La práctica contra corriente para este tipo es la soledad y el silencio durante un período de tiempo determinado cada día. Los Siete deben disciplinar sus vidas para mirar hacia su interior. La soledad los libera de actuar para los demás. El silencio les recuerda el tranquilo susurro del Espíritu en su interior, que sirve para aconsejar, convencer e interceder (Ro 8.26–27). Los Siete deberían reservar un tiempo cada día para la soledad y el silencio. Las mañanas, antes de que comiencen las prisas cotidianas, son un buen momento para ello. A los Siete, este tiempo sagrado les sirve para recordar que su identidad no se basa en los sentimientos que despiertan en los demás o en sí mismos. Más bien, se basa en la afirmación que Dios hace de que son amados, algo que la práctica del silencio y la soledad les permite recordar y vivir durante el resto del día.

La época del calendario eclesiástico al que este tipo de personas debería prestar más atención es la Cuaresma. La Cuaresma es un período de cuarenta días de reflexión, sobriedad y autocontrol. Este período comienza el Miércoles de Ceniza, y les recuerda a los seguidores de Jesús que van a morir y que están viviendo en una batalla espiritual. Así como Jesús se internó en el desierto por cuarenta días antes de comenzar su ministerio público, los cristianos están llamados a seguir a Jesús en el desierto de su vida interior, para discernir dónde es más urgente el crecimiento. Durante esta temporada, otra práctica que para los Siete es útil y desafiante a la vez es el ayuno. El ayuno inculca la dependencia de Dios en todas las cosas, y les recuerda a los seguidores sus verdaderos anhelos. Jesús dijo que no solo de pan vive el hombre, sino de las palabras que salen de la boca de Dios (Mt 4.4). El ayuno invita al discípulo a decir «no» a las cosas buenas para decir «sí» a las mejores.

Tipo Ocho

Los Ocho están orientados a la justicia. La práctica corriente abajo para este tipo es comprometerse con oportunidades regulares para luchar por el bien común. Esto puede adquirir varias formas, como servir una vez por semana en un comedor social local, apoyar una causa que merezca la pena o recaudar fondos para quienes carecen de necesidades básicas como el agua o los suministros médicos. Los Ocho acuden por naturaleza al rescate de los demás y no temen involucrarse. Aunque a veces se les percibe como agresivos, los Ocho saludables son beligerantes en las causas en las que más creen.

La disciplina contra corriente que necesitan los Ocho es la de rendir cuentas ante aquellos en quienes confían. Este tipo evita la vulnerabilidad. A menudo no son conscientes de cómo los perciben los demás. Para avanzar hacia una transformación integral, un Ocho debe invitar a los demás a que le den su opinión sobre su vida y su conducta. Formar parte de un grupo pequeño en la iglesia local o procurar regularmente conversaciones abiertas con amigos de confianza son cosas que deben buscar deliberadamente, de lo contrario es poco probable que lo consigan. Como los Ocho pueden resultar intimidatorios, a los demás les resultará difícil responderles de la forma que más necesitan. Esto hace que recaiga en ellos la responsabilidad de buscar a los demás, suscitar su sinceridad y recibir humildemente sus comentarios. El escritor de Proverbios dice: «Más confiable es el amigo que hiere que el enemigo que besa» (27.6). Los amigos de confianza pueden amar de verdad. Los amigos de confianza liman nuestras asperezas.

La temporada del calendario eclesiástico en la que los Ocho deberían participar de forma más intencional es Pentecostés, que sirve para recordarles que Dios se preocupa por la justicia incluso más que ellos. Las Escrituras afirman que Dios hace nuevas todas las cosas (Ap 21.5). Actuar junto a Dios alivia la pesada carga de llevar en solitario la justicia al mundo. Esta postura también puede enseñar a los Ocho a valorar la justicia sin demonizar a los oponentes. Creer que Dios tendrá la última palabra en cada situación puede ayudar a este tipo de personas a luchar por la justicia, someterse a Dios y descansar en la verdad de que, con el tiempo, todo se arreglará. Cuando los Ocho se involucran en el mundo con la esperanza de la justicia, su oración pasa a ser «Ven, Señor Jesús».

Tipo Nueve

Aunque el vicio de los Nueve es la pereza, su virtud es la acción. Por lo tanto, es bueno pensar en la transformación de los Nueve en términos de compromiso y convicción. La práctica corriente abajo que les resultará fácil a los Nueve es pasar tiempo en la creación. Ya sea caminando, haciendo senderismo, escalando, paseando por la playa o corriendo por un parque, estas actividades ayudarán a los Nueve a recuperar el equilibrio. Pasar tiempo en la naturaleza también sirve como práctica calmante en medio de los pormenores de la vida de un Nueve, les aporta descanso y una oportunidad para regresar a la actividad de la vida con un sentido restaurado de paz y calma. Los Nueve se encuentran a menudo en medio del conflicto, actuando como intermediarios entre las partes enfrentadas; necesitan que la naturaleza les recuerde regularmente que, a pesar de sus complejidades, la vida tiene un orden.

La práctica contra corriente para este tipo es la oración en horas establecidas. Jesús vino en un contexto judío en el que la comunidad orientaba su vida en torno a tres momentos específicos de oración: la mañana, el mediodía y la noche. Los primeros cristianos seguían la formación de la *Didajé*, un manual de formación que prescribía la oración tres veces al día.[7] Desde entonces, han surgido muchas variantes de la oración en horas fijas. Los trapenses son quizás la comunidad más rigurosamente orientada a la oración. Esta orden monástica se levanta incluso durante la noche para rezar. La oración en horas fijas, a menudo conocida como «Liturgia de las Horas», puede resultarle útil al Nueve porque da prioridad a la presencia de Dios y a la práctica de buscar la sabiduría y la guía de Dios en medio del ajetreo de la vida. Levantarse y orar durante la noche quizás no sea algo adecuado para todos, pero hacer un alto tres veces al día —al despertarse, antes de comer y antes de acostarse son tres momentos naturales— para volver a centrarse en Dios está al alcance de todos, incluidos los Nueve. Los benedictinos, orden monástica fundada por Benito de Nursia en Montecassino, Italia, se refieren a los tres momentos de oración como *laudes* (oración de la mañana), *diurnum* (oración del mediodía) y *compline* (oración de la noche). Para los Nueve, la prioridad de la oración es un reto, y a veces están confundidos en cuanto a lo que más importa dentro de un calendario lleno de actividades y responsabilidades. También puede ser útil para este tipo reunirse regularmente con un director espiritual que pueda ayudarlos a discernir las decisiones de la vida.

La temporada del calendario eclesiástico a la que deben prestar atención los Nueve es la fiesta de Reyes o Epifanía. Comenzando con la llegada de los sabios de Oriente al pesebre de Jesús, Epifanía le recuerda a la iglesia su vocación de mirar hacia el exterior, hacia el otro, para compartir la luz de Cristo. Esta temporada del calendario desafía a los Nueve a usar su voz con audacia. Los Nueve rara vez corren el riesgo de excederse en sus esfuerzos o pronunciamientos, por lo que esta prescripción de arrojo puede resultar instructiva y formativa, y los desafía a no permitir que su anhelo de paz y restauración (o su deseo de evitar el conflicto) los mantenga en silencio. Por medio de la cruz y la resurrección de Cristo están disponibles la paz y la restauración duraderas. Epifanía significa compartir esta buena noticia con los demás, y es una buena medicina, especialmente para los Nueve.

Lo que piensas en cada momento de cada día se convierte en una realidad física en tu cerebro y en tu cuerpo.

—Caroline Leaf

Grábate en el corazón estas palabras que hoy te mando. Incúlcaselas continuamente a tus hijos. Háblales de ellas cuando estés en tu casa y cuando vayas por el camino, cuando te acuestes y cuando te levantes. Átalas a tus manos como un signo; llévalas en tu frente como una marca; escríbelas en los postes de tu casa y en los portones de tus ciudades.

—Deuteronomio 6.6-9

LA PREGUNTA DEL ESCÉPTICO: ¿Realmente podemos conocer el eneatipo de los personajes bíblicos?

RESPUESTA: Con la escasa información que tenemos, en realidad, no. Sin embargo, el objetivo de este capítulo no es reducir a los personajes bíblicos a un tipo, sino ayudarnos a ver cómo reproducimos los mismos patrones por defecto en nuestro contexto actual. Tal vez la Biblia sea mucho más relevante de lo que creíamos.

Los colores son infinitos. Desde las higueras de la India hasta las exóticas orquídeas, pasando por las rosas más rojas y los lirios de todas las

escrituras encontrar tu tipo en el relato bíblico

tonalidades de púrpura. Imagínate sesenta y cuatro hectáreas de belleza natural y cuidada que brota del suelo. Este lugar mágico es real, se encuentra en la zona este de Grand Rapids, Michigan. Los Jardines Meijer son básicamente un parque temático de flores. En sus numerosos jardines se encuentran esculturas de temas atrayentes. Estas esculturas proceden de todo el mundo, hay desde obras legendarias de Auguste Rodin hasta piezas recientes y provocadoras de Ai Weiwei. Aunque parecen ser uno de los secretos mejor guardados del oeste de Michigan, estos jardines son un espectáculo para la vista y uno de mis mayores orgullos como habitante de Grand Rapids.

Foto tomada por AJ Sherrill con permiso del artista y de los Jardines Frederik Meijer

Listening to History, por Bill Woodrow

Por años, me ha conmovido una escultura en particular. El artista Bill Woodrow llama a esta obra *Listening to History*.[1] Aunque probablemente no fuera la intención del artista, no puedo dejar de ver cómo la escultura de Woodrow capta el papel que desempeñan las Escrituras en la vida del cristiano. Cuando cerramos los ojos a los guiones culturales que nos rodean, la Biblia define la realidad y dicta cómo se debe navegar en el épico viaje hacia la semejanza con Cristo.

Recuperemos el guion escrito en la Escritura

La raíz evidente de la palabra «Escritura» es «escrito». La Biblia tiene la intención de darnos un guion —o «relato»— escrito en medio de los guiones culturales que nos rodean y compiten por nuestra lealtad y afecto. Los guiones culturales de hoy suelen estar orientados a qué comprar, a quién votar o con qué grupo ideológico, étnico o regional identificarse. Por lo tanto, la Biblia quiere evitar que hagamos que estas historias culturales menores sean nuestras historias dominantes y, en lugar de ellas, quiere que la historia de la redención de Dios sea el centro de nuestras vidas.

A riesgo de entrar en polémica, creo que el propósito central de la Escritura no es, en primer lugar, adoctrinarnos con proposiciones teológicas destinadas simplemente a establecerse en nuestras cabezas. Más bien, el propósito central de la Biblia es invitarnos a participar en el desarrollo del drama de Dios en el mundo. Y, en este drama, el Dios trino actúa de forma redentora en todos, en todas partes. Esta es la historia que se viene desarrollando desde el principio de los tiempos.

Pero este es el problema: es muy posible que, desde la invención de la imprenta por Gutenberg, el mundo nunca haya tenido más Biblias impresas y menos Biblias leídas. Ben Irwin, creador de *Community Bible Experience*, señala acertadamente la gran diferencia que existe entre los «más vendidos» y los «más leídos».[2] En Occidente, la alfabetización bíblica parece estar en su punto más bajo. En el hogar cristiano promedio, la Biblia suele ser una especie de reliquia polvorienta del pasado que descansa en un estante lo suficientemente bajo como para percibirla, pero lo suficientemente alto como para no tocarla. Es obvio, entonces, por qué la lente principal a través de la que hoy se ven a sí mismos muchos cristianos de Occidente no es el guion bíblico, sino los guiones culturales que rivalizan con él.

En general, las nuevas generaciones de fieles no pueden recordar muchas de las historias que nos han transmitido los profetas, los Evangelios y las epístolas. Hoy en día son pocos los que afirman haber recibido una «historia» adecuada. No es de extrañar que muchos jóvenes renuncien a la fe cristiana; para ellos, la historia de las Escrituras no parece lo suficientemente convincente como para competir con los guiones que les ofrecen los publicistas, los cineastas y otros creadores de cultura. Estos guiones no son del todo malos, pero rara vez cuentan la historia que Dios está escribiendo.

En la fe judeocristiana (y en la musulmana, por cierto), creemos que estamos ante un Dios que ha decidido hablar. A veces, el discurso de Dios se expresa en la creación (Gn 1; Ro 1.20), otras veces, el discurso de Dios se vierte por medio de los profetas (Heb 1.1), y se encarnó en una generación particular (Jn 1.14; Heb 1.2). En otras ocasiones, el discurso de Dios se puso por escrito (2 Ti 3.16; Ap 1.11). El discurso escrito y que es de aplicación universal se llama Escrituras o Biblia. A lo largo de los siglos se ha debatido sobre lo que se considera o no Escrituras. Pero, milagrosamente, existe un acuerdo importante en torno a los sesenta y seis libros recopilados en la Biblia.

Sin embargo, hoy en día, muchos cristianos se enfrentan a obstáculos para ver las Escrituras de una forma renovada. Demasiadas personas perciben erróneamente la Biblia como un objeto irrelevante o repleto de lecciones banales de historia, o peor aún, como un dogma opresivo de una época pasada. Cada una de estas generalizaciones exageradas nos aleja del significado central del texto sagrado. El propósito de la Biblia es entrar en la historia que Dios aún está escribiendo. Las Escrituras narran un relato unificado en cuatro temas: creación, caída, redención y renovación. Debemos vernos a nosotros mismos en los que nos han precedido.

Aquí es donde el Eneagrama puede ser bastante útil como herramienta para regresar a la Biblia. Cada una de las secciones siguientes intenta establecer conexiones entre tu personalidad y la de miembros del pueblo de Dios que te han precedido. Aunque no podemos decir que conozcamos con certeza los eneatipos de las personas que aparecen en las Escrituras, sí podemos extraer de las diferentes narraciones bíblicas cuestiones sobre los tipos.

En algunas narraciones, verás que tu tipo triunfa sobre la caída. En otras, verás cómo un estado no saludable llevó al desorden y a la muerte. Las historias de la Biblia son (entre otras muchas cosas) arquetipos de cómo los seres humanos siguen con las mismas pautas de comportamiento, generación tras generación.[3] El objetivo es encontrarse a uno mismo, mediante otros personajes bíblicos, en el drama de la Escritura. Por ejemplo, la cuestión no es si uno suscribe o no la doctrina del pecado original. Lo que está claro es que mi tendencia a desconfiar de Dios y a actuar bajo mi propia autoridad es la misma tentación a la que se enfrentaron Adán y Eva en el relato del Edén. Yo puedo encontrarme fácilmente en su mismo momento de tentación. Al igual que ellos, muerdo el fruto de la autonomía casi a diario. Como ellos, experimento la vergüenza y la autocondena. Y, como ellos, tengo que ser restaurado con regularidad a la comunión con un Dios de amor.

La historia de las Escrituras es la historia en la que vivimos cada día. Su mundo es nuestro mundo. Aunque la composición política y cultural del antiguo Oriente Próximo es obviamente diferente a la nuestra, las cuestiones del comportamiento humano no varían. En el libro *Biblical Characters and the Enneagram*, los autores Diane Tolomeo, Pearl Gervais y Remi De Roo concluyen:

«Las historias de las Escrituras apelan a lo que entendemos y experimentamos de los seres humanos en diversos estados emocionales, que a la vez nos hablan de nosotros mismos y de nuestra vida interior. Si vemos a Abraham y a Sara, a Moisés y a Miriam, a Débora y a Marta, no solo como figuras de la historia bíblica, sino también como representantes de aspectos nuestros, empezamos a entender que sus historias están íntimamente conectadas con las nuestras, y que pueden ser guías que nos enseñen sobre nuestra vida interior».[4]

Vivir de forma sabia es aprender de los que nos han precedido. El objetivo de este capítulo es volver a conectar los textos antiguos con la vida contemporánea, de modo que puedas volver a ocupar tu lugar en el relato de Dios y a hallarte conectado a las corrientes que se expanden mucho más allá de su vida.

Identificación en las Escrituras

> **Tipo Uno**
>
> **Una palabra:** Perfeccionista
> **Narrativa base:** Apóstol Pablo (Hechos 8—28 y epístolas paulinas)
> **Pasaje para memorizar:** Mateo 19.26

El panorama general para los Uno es: aprende a aceptar la gracia como un don y no como un problema. Los Uno tienden a enfatizar las tendencias idealistas y perfeccionistas. La narrativa bíblica con la que más se pueden identificar los Uno es la del apóstol Pablo. Considera cómo defiende Pablo su credibilidad ante los cristianos de Filipos. Al parecer, el legalismo había vuelto a introducirse en la comunidad de la mano de falsos maestros. Pablo detalla su currículum: «Si cualquier otro cree tener motivos para confiar en esfuerzos humanos, yo más: circuncidado al octavo día, del pueblo de Israel, de la tribu de Benjamín, hebreo de pura cepa; en cuanto a la interpretación de la ley, fariseo; en cuanto al celo, perseguidor de la iglesia; en cuanto a la justicia que la ley exige, intachable» (Fil 3.4–6). Pablo había perfeccionado hábil y meticulosamente su lista de logros antes de su teofanía en el camino a Damasco.

A veces, la mayor bendición para los Uno es ser «derribados del caballo». En la siguiente sección de su carta a los Filipenses, Pablo escribe que considera que todos sus logros anteriores no son nada comparados con lo que recibió en Cristo por medio de la fe. A primera vista, uno podría deducir de este pasaje que Pablo era un Tres saludable, sobre todo porque los Tres son propensos a destacar sus logros como banderas de identidad. Por supuesto, en el pasado de Pablo hay tendencias de triunfador, pero tiene en común con el Uno su propensión al vicio de la ira. Otra razón para identificar a Pablo con el tipo Uno está relacionada con la *calidad* de sus logros: por ejemplo, «en cuanto a la justicia que la ley exige, intachable». Para un Tres, el logro de ser fariseo sería suficiente. Pero, para un Uno, es primordial la perfección dentro de ese logro. Los Tres son eficientes, así que el título de fariseo es suficiente. Los Uno son perfeccionistas, por lo que lo más importante es ser el mejor fariseo de todos.

Recordemos que los Uno también son conocidos como re-formadores. Pablo literalmente mataba a los judíos que seguían a Jesús. Antes, Saulo, un antiguo cazarrecompensas religioso, al convertirse había recibido el nombre de Pablo, que significa «pequeño». Los Uno quieren creer que siempre tienen la razón. Que Saulo recibiera el nombre «Pablo» no significaba otra cosa que la transformación de su personalidad. Había pasado toda su vida perfeccionando su currículum, pero en un instante este se convirtió en basura con el comienzo de una nueva vocación de transformar su ira en amor. Por eso, en toda su obra hace hincapié en *la metanoia* («arrepentimiento» en griego). Imagínate a un Uno que ha llegado tan lejos por un camino solo para tener que dar media vuelta y encaminarse en la dirección opuesta. Esto requiere madurez: es el arrepentimiento.

Los Uno no saludables suelen preferir equivocarse y comprometerse con un camino que tener la razón y tener que dar media vuelta. Cuando los Uno se dan cuenta del error de sus actos, pueden quedarse paralizados en la autocompasión y el arrepentimiento profundo.[5] Los Uno saludables pueden desprenderse de la ira y el perfeccionismo, admitir sus defectos y buscar la restauración. Esta es, resumida, la historia de Pablo. Además, los Uno saludables pueden recurrir a los errores del pasado para ayudar a los demás a evitar los escollos, que es la táctica de Pablo en Filipenses 3.

Según Tolomeo, Gervais y De Roo: «Cuanto más "gana" Pablo a Cristo, más se libera su ego (Fil 3.8–9)».[6] Otros pasajes nos dan una visión del tipo de Pablo. Después de su conversión, a veces sigue tendiendo a la autosuficiencia y la inflexibilidad. Esto explica parte del tono agresivo de sus cartas, sobre todo cuando confronta a Pedro y en otra ocasión se separa de Bernabé, su antiguo mentor y compañero, por una desavenencia sobre el ministerio que no tenía que ver con la doctrina (Hch 15). En la carta a los Gálatas, Pablo desearía que los que hacen retroceder a los cristianos hacia el legalismo «acabaran por mutilarse del todo» (5.12). La inflexibilidad de los Uno hacia los demás puede provocar una gran ruptura relacional. Sin embargo, la rigidez y el perfeccionismo personales pueden ser las características más destructivas cuando van en una dirección poco saludable dentro de la personalidad. Pablo le escribe a la comunidad de Roma sobre su conflicto interior: «... pues no hago lo que quiero, sino lo que aborrezco [...]. Yo sé que en mí, es decir, en mi naturaleza pecaminosa, nada bueno habita» (Ro 7.15, 18). Un Pablo poco saludable tendería al odio a sí mismo y a la vergüenza crónica. Sin embargo, los Uno saludables son capaces de arrepentirse de toda clase de pecado e imperfección, de ofrecer sus defectos a Dios y recibir la restauración a través de la gracia divina.

Curiosamente, el pasaje del Nuevo Testamento en que los Uno deben centrarse procede del Sermón del Monte: «Por tanto, sean perfectos, así como su Padre celestial es perfecto» (Mt 5.48). La clara frustración de este texto se encuentra en el intento de estar a la altura de un patrón que es imposible en la carne. Esto es lo que Pablo condena una y otra vez después de la conversión. Sin embargo, la enseñanza de Jesús le recuerda al lector que la perfección es una meta noble, ordenada por Dios. Como en el caso de Pablo, se alcanza *mediante el arrepentimiento y la gracia*. Sin cooperación con el Espíritu de Dios, es imposible. Tal y como recoge más tarde Mateo, Jesús enseñó que «Para los hombres es imposible [...], mas para Dios todo es posible» (19.26).

Por lo tanto, para el Uno, el arrepentimiento es el don supremo de Dios. El arrepentimiento es motivo de alegría, no de desesperación. A los Uno les conviene centrarse en el arrepentimiento como forma de perfeccionamiento en esta vida.

Tipo Dos

Una palabra: Ayudador

Narrativa base: Parábola de las ovejas y las cabras (Mt 25.31–46)

Pasaje para memorizar: Mateo 7.11

El panorama general para los Dos es: antes de hacer algo, comprueba tus motivos. Los Dos valoran los sentimientos y anhelan ser amados, lo cual, en el caso de un Dos poco saludable, los motiva a ofrecer amor en forma de servicio a los demás. La reciprocidad suele ser un valor importante para los Dos: si dan amor, esperan amor a cambio. Uno puede ver, entonces, por qué el orgullo es un vicio problemático para este tipo. Los Dos se enfrentan a cuatro problemas preeminentes: la búsqueda de amor incondicional, el miedo al rechazo interpersonal, la búsqueda de intimidad y la necesidad de aportar algo a los demás para sentirse valiosos.[7]

El relato bíblico que mejor capta la esencia de los Dos es la parábola de las ovejas y las cabras (Mt 25.31–46). Aunque las parábolas no son relatos históricos, son igualmente verdaderas, pues ayudan a la identificación del lector en el texto y sugieren un camino hacia la transformación y la plenitud. Esta parábola en particular es escatológica. Cristo regresa y comienza a separar a las naciones. Jesús compara a un grupo con las ovejas y al otro, con las cabras. Cuando todo se haya cumplido, los de su derecha serán invitados a participar en la plenitud del reino eterno; a los de su izquierda se les ordenará apartarse de su presencia y entrar en el castigo eterno. Esta es una de las parábolas más fuertes y directas de Jesús. La diferencia entre las ovejas y las cabras está en los actos de servicio. Las ovejas, que están a la derecha, son alabadas por la forma en que cuidaron a los pobres, a los oprimidos y a los desposeídos. Durante sus vidas, alimentaron al hambriento, dieron de beber al sediento, vistieron al desnudo y visitaron a los enfermos y a los encarcelados (vv. 35–36). La asombrosa revelación de la parábola es la estrecha identificación de Jesús con los pobres, los oprimidos y los desposeídos. De hecho, se ve a sí mismo como uno de ellos: cuando se atiende a estas personas, se atiende a Jesús mismo. La implicación del texto es que Jesús se preocupa tanto por los pobres que una acción realizada a ellos es lo mismo que una realizada a Él. En el mundo romano, este tipo de identificación habría sido, en el mejor de los casos, poco frecuente y casi seguro que inaudita.

Por el contrario, los clasificados a la izquierda son comparados con las cabras que descuidaron a los pobres, los quebrantados y los oprimidos. Afirman no haber visto a Jesús enfermo, pobre o hambriento, por lo que se preguntan cómo es posible que lo hayan descuidado. Es una buena defensa para quienes no conocen la profunda identificación de Jesús con los oprimidos. Según

Tolomeo, Gervais y De Roo, el grupo de su derecha «se limitó a hacer lo que había que hacer, sin preocuparse de ir más allá de lo normal en su bondad o su generosidad, sin la recompensa de volver a casa con el brillo de haber realizado un acto de caridad. Sencillamente fue algo que pasó: lo hicieron y se olvidaron».[8] Ni los que estaban a su izquierda ni los que estaban a su derecha comprendieron lo mucho que Jesús se identifica con los pobres.

Sin embargo, se nos revela que Jesús recompensa a los que aman a la persona necesitada que tienen delante: amar a esa persona es amar a Cristo mismo. La lección de esta parábola es primordial para los Dos, debido a su «cualidad de desapego».[9] Las ovejas ni siquiera son conscientes de su acción. Realizaron la acción sin esperar nada a cambio. Este tipo de amor representa lo que el biblista John Barclay llama «gracia incongruente».[10]

Los Dos quieren ser amados, y ese es el factor que los motiva para dar amor. Sin embargo, Jesús se complace con los que dan amor sin esperar nada a cambio. La Escritura invita a los cristianos a amar porque ya han sido amados sin medida. En la primera epístola de Juan, aman porque Él amó primero (1 Jn 4.19). Los Dos saludables reconocen que la gracia y el amor ocupan el primer lugar.

La tarea del cristiano Dos consiste en consolidar su identidad en Cristo por la gracia y luego recordar su identidad por medio de las prácticas espirituales antes de pasar a las tareas del día. Estas prácticas los ayudarán a manifestar el amor como una extensión del amor de Dios en el mundo, en lugar de esperar reciprocidad por un acto de servicio. En el capítulo siguiente se detallan prácticas específicas y útiles para este tipo. Cuando los Dos realizan un acto de servicio, se detienen y reflexionan antes de ayudar para asegurarse de los motivos adecuados. Por ejemplo, Jesús enseña que cuando des limosna «no se entere tu mano izquierda de lo que hace la derecha» (Mt 6.3). Muy consciente de la tendencia de los seres humanos a manipular y autoengañarse, Jesús instruye a sus seguidores para que practiquen la justicia en secreto, de modo que sus motivos permanezcan puros y dedicados solo a Dios.

El pasaje principal que los Dos deben conocer en su progreso hacia un estado saludable es Mateo 7.11: «Pues si ustedes, aun siendo malos, saben dar cosas buenas a sus hijos, ¡cuánto más su Padre que está en el cielo dará cosas buenas a los que le pidan!». Este pasaje conecta con los Dos y los instruye sobre todo en la realidad de que Dios, el Padre, conoce y satisface nuestras necesidades. Una vez que reconoce el don de Dios y lo recibe, existen para este tipo amplios recursos que lo ayudarán a ser generoso y servicial con los demás sin necesitar reciprocidad para sentirse completo. Dios es amor, y Dios da amor gratuitamente mediante el don del Espíritu de Cristo que mora en nosotros. (Para ver cómo funciona esto en la relación, considera el relato de Rut y Booz del libro de Rut en el Antiguo Testamento). De los nueve tipos, los Dos son los que más necesitan comprender la altura, la profundidad y la anchura de la gracia que Dios ha prodigado a los que lo aman y son llamados según sus propósitos.

Tipo Tres

Una palabra: Triunfador
Narrativa base: El rey Saúl (1 S 8—15)
Pasaje para memorizar: 1 Corintios 13.1

El panorama de los Tres es: tu mayor don puede convertirse en tu mayor maldición. Los Tres no saludables viven de la sensación de controlar la percepción que los demás tienen de ellos. Su vicio principal es la imagen. Por lo tanto, tienen dificultades para acceder a sus propios sentimientos. Dado que para los Tres es de suma importancia el éxito (o la percepción de este), pueden resultarles esquivas las cualidades de madurez interior y la consciencia de uno mismo. A menudo, sus relaciones tienen la apariencia de ser genuinas, pero pueden ser totalmente superficiales sin que se den cuenta de ello. A diferencia de los Uno, que buscan ser perfectos, los Tres desean parecerlo en las muchas cosas que emprenden. Lo que mueve a los Tres en su toma de decisiones es la ambición, la capacidad de motivación y el ansia de éxito.[11] Por estas razones, el ascenso y caída del rey Saúl es un relato útil para este tipo.

Las narraciones sobre el rey Saúl y el rey David revelan tres características. Aquí nos centraremos en Saúl. Desde el principio, ninguno de los dos nació en la realeza, ambos se criaron en el anonimato del mundo rural. Saúl fue ungido primer rey de Israel. Antes de su época, la nación estaba gobernada por una serie de jueces. El pueblo clamó a Dios para que los hiciera como las demás naciones, para que les diera un rey que los gobernara. Dios les concedió lo que pedían dándoles a Saúl. El texto de 1 Samuel 8 deja claro que Saúl era bien parecido, algo que suele ser muy importante para los Tres. En 1 Samuel 9.2 leemos: «Quis tenía un hijo llamado Saúl, que era buen mozo y apuesto como ningún otro israelita, tan alto que los demás apenas le llegaban al hombro». La sociedad se fija en los líderes que tienen una apariencia *física* de éxito, sobre todo en el mundo de hoy tan condicionado por los medios audiovisuales.

Al leer 1 Samuel 8—12, a uno le llama la atención el buen carácter de Saúl. No parece ambicionar imagen y éxito. De hecho, no es él quien reclama su posición, sino que es Samuel quien lo busca y viene a ungirlo como rey. En sus inicios, Saúl parece estar en contacto con su centro de sentimientos. De hecho, cuando busca las asnas perdidas (9.5), vuelve a casa porque intuye que su padre puede lamentar su ausencia y empezar a preocuparse.

Esto nos indica que Saúl es consciente de cómo se sienten los demás. Algunos expertos en Eneagrama conjeturan que los Tres suelen aspirar desde una edad temprana a que la familia se sienta orgullosa de ellos. Cuando Samuel le habla a Saúl sobre la posibilidad de ser el rey, Saúl está realmente sorprendido. Su humildad es evidente en 1 Samuel 9.21. Uno de los puntos de inflexión en la vida de Saúl se produce cuando es lleno del Espíritu de Dios y se transforma en una persona diferente (10.6). Este acto transformador de Dios, que convierte a Saúl en un rey poderoso, se vuelve más tarde en contra de Saúl, ya que la ambición y la reclamación de su derecho lo llevan a acumular más poder y a sentir celos. Comienza a identificarse más con la persona en la que se convierte que con el legado humilde de su origen. Para los Tres, es importante mantenerse anclados en su pasado y en relaciones reales y francas en el presente. De lo contrario, la preocupación por sí mismos puede llevarlos hacia abajo. Así pasó, con el tiempo, con Saúl.

En el segundo año de su reinado, tiene lugar un punto de inflexión definitivo en el carácter de Saúl, cuando Samuel empieza a dejar su rol profético junto a Saúl. Para un Tres, las relaciones responsables son vitales. Una vez que Samuel se va, todo cambia. Debido al éxito militar inicial de Saúl y a la ausencia de responsabilidad, aprende a confiar en sus logros más que en la palabra de Dios. Primero de Samuel 13 contiene un relato que muestra el compromiso de Saúl con el éxito por encima de la obediencia. Los filisteos están preparando un ataque contra Israel, y Samuel se retrasa. Saúl decide hacerse cargo de los asuntos sacerdotales. Esto dice la historia:

Allí estuvo esperando siete días, según el plazo indicado por Samuel, pero este no llegaba. Como los soldados comenzaban a desbandarse, Saúl ordenó: «Tráiganme el holocausto y los sacrificios de comunión»; y él mismo ofreció el holocausto. En el momento en que Saúl terminaba de celebrar el sacrificio, llegó Samuel. Saúl salió a recibirlo, y lo saludó. Pero Samuel le reclamó:
—¿Qué has hecho?
Y Saúl le respondió:

—Pues, como vi que la gente se desbandaba, que tú no llegabas en el plazo indicado, y que los filisteos se habían juntado en Micmás, pensé: «Los filisteos ya están por atacarme en Guilgal, y ni siquiera he implorado la ayuda del SEÑOR». Por eso me atreví a ofrecer el holocausto.

—¡Te has portado como un necio! —le replicó Samuel—. No has cumplido el mandato que te dio el SEÑOR tu Dios. El SEÑOR habría establecido tu reino sobre Israel para siempre, pero ahora te digo que tu reino no permanecerá. El SEÑOR ya está buscando un hombre más de su agrado y lo ha designado gobernante de su pueblo, pues tú no has cumplido su mandato. (vv. 8–14)

Los Tres están tan decididos a conseguir sus logros que se toman la justicia por su mano, lo que a menudo empeora el dilema inicial. La eficiencia es un vicio importante para los Tres y puede llevar a la impaciencia y a la autovindicación. Por esta razón, en una dinámica de equipo, los Tres no saludables se sienten frustrados. Para Saúl, las cosas solo van en espiral descendente. En lugar de buscar la humildad, la responsabilidad y el arrepentimiento, el corazón de Saúl se endurece en la autoprotección, el miedo y los celos. Esto es más evidente cuando el joven David, un desconocido pastor rural, mata al gigante filisteo que Saúl no pudo vencer. Los celos de Saúl se convierten en ira cuando el pueblo de Israel honra a David más que a él. La historia acaba con Saúl persiguiendo a David para matarlo. Este joven es el reflejo de Saúl en el espejo. Ambos son Tres, pero David aprende a afrontar sus caídas (véase el relato de David, Betsabé y Urías en 2 S 11—12) y arrepentirse. Saúl, por su parte, nunca madura, ya que un encubrimiento siempre lleva a otro, lo que resulta en un hombre que pasará a la historia como el traicionero primer rey de Israel.

El pasaje de las Escrituras que los Tres deben tener en su mente y en su corazón es 1 Corintios 13.1: «Si hablo en lenguas humanas y angelicales, pero no tengo amor, no soy más que un metal que resuena o un platillo que hace ruido». No importan los logros o fracasos de uno; lo que importa es si el motivo que hay detrás es el amor o es la autoexaltación. El amor te lleva a mayores medidas de humildad, gracia y compasión. La autoexaltación es una espiral descendente que conduce a la coacción, los celos y el orgullo. No importa cuán ostensiblemente generoso o dotado pueda uno parecer, cuando el objetivo principal son la ambición o los logros, el amor nunca está presente. Esto es algo que el pueblo de Dios no puede aceptar.

Tipo Cuatro

Una palabra: Individualista

Narrativa base: Job

Pasaje para memorizar: Deuteronomio 6.4

El panorama general para los Cuatro es: tus sentimientos sobre tus circunstancias no definen tu identidad ni captan el todo de la realidad. Los Cuatro, que por naturaleza se repliegan sobre sí mismos, son conocidos por su individualismo radical. Esto los lleva a menudo a sentir una cierta singularidad en cuanto a sí mismos que los separa del mundo. El experto en Eneagrama, A. H. Almaas, escribe: «La singularidad no es especial; todos los seres únicos son expresiones de la misma Fuente divina».[12] En su progreso hacia la madurez, para el Cuatro es muy importante entender la Shemá (Dt 6.4). El amor a Dios y a los demás es un elemento central de la fe, tanto para los cristianos como para los judíos. Además, es reconocer que Dios es uno. Estar en Dios no es solo reconocer su unicidad —algo que hacen muy bien los Uno—, sino también notar su interconexión con los demás, del mismo modo que Dios está interconectado en la Trinidad. Tal como sugieren Don Richard Riso y Russ Hudson en su obra *La sabiduría del eneagrama*, cuanto más centrada en sí misma y más desconectada de los demás esté una persona, más intensamente se apegará su tipo de personalidad al ego como identidad.[13] La conexión suele ser un elemento que falta en la vida de los Cuatro, lo cual conduce a la inmadurez y, en el peor de los casos, a la autolesión. Por esta razón, el relato bíblico al que los Cuatro deben prestar atención es el ascenso, caída y triunfo de Job.

La historia de Job trata sobre la madurez espiritual, sobre el paso de una mentalidad individualista a una esperanza cósmica. Preocupado por lo que una vez tuvo y luego perdió, Job se ve abocado al precipicio de la desesperación. En esencia, esta narración ilustra cómo ver a Dios (y a la humanidad) cuando la vida no va como se esperaba. Es una historia de comprensión de uno mismo. El lector no debe preocuparse demasiado por si este relato ocurrió en un tiempo y lugar concretos, sino que debe prestar atención a *cómo* se sucede este relato. La teodicea es uno de los mayores retos a la hora de hablar de esperanza en un mundo plagado de terrorismo, decadencia y enfermedad. Hay que preguntar: ¿qué dice la presencia de estos enemigos sobre la naturaleza de Dios?

Job es un Cuatro en tanto que pasa mucho tiempo analizando sus sentimientos. El pequeño mundo de Job se ha derrumbado y ha desaparecido en cuestión de días. Aunque la pérdida de los hijos, de los bienes materiales y de la salud es realmente trágica, el lector se queda interiorizando preguntas sobre lo que significa todo esto: ¿se puede alabar a Dios en medio de la desesperación? ¿Acaso alguien tiene derecho a lo que los estadounidenses han dado en llamar «la buena vida»? ¿Es la vida en sí algo a lo que tenemos derecho o es un regalo? Según Tolomeo, Gervais y De Roo:

> Lo que [Job] tiene que aprender es que hablar de forma trágica o dramática forma parte de una imagen de sí mismo que hay que destruir. Procede de la creencia de que las cosas deben ser de

una determinada manera, es decir, como nosotros queremos que sean. Cuando las cosas no son como queremos, nos lo tomamos como algo personal y sentimos que el universo está en contra de nosotros [...].

Después de todo lo sufrido, ¿podemos aceptar la forma innata de ser las cosas y no esperar ninguna recompensa tangible, e incluso entregarnos y abrirnos a la experiencia del dolor y la pena?[14]

La cuestión clave para Job no es lamentar lo que se ha perdido; más bien, es identificarse tan profundamente con lo que se perdió, con algo que solo estaba ahí para ser disfrutado. El Miércoles de Ceniza habla precisamente de esta historia al recordarles a los discípulos que vienen del polvo y al polvo volverán. Nada es permanente.

Todo va a perecer. Las posesiones no duran. Los Cuatro no saludables consideran que esto significa que la vida es totalmente trágica y, por lo tanto, no vale la pena vivirla. Los Cuatro saludables pueden reconocer la fugacidad de esta realidad y disfrutar de la vida como un regalo mientras dure. Los Cuatro tienen que tomar una decisión transformadora: ¿la vida es tragedia o comedia, o simplemente podemos decir que «es lo que hay» en cada época?

Los Cuatro tienden a replegarse cuando la vida da un vuelco circunstancial. Tolomeo, Gervais y De Roo afirman que «el gozo religioso surge de saber que no hay nada que podamos hacer o saber con respecto a nada, comparado con la inmensidad de Dios». Nuestra respuesta puede ser ver la vida como algo trágico, o sumergirnos en su sufrimiento y hallar la serenidad [...]. Sin embargo, Job solo ve su vida como algo trágico. Su resignación no le da la vida, sino que lo aprisiona, al centrarse en su calamidad y su pérdida».[15] La tentación de Job, por encima y en contra del consejo de su esposa, no es maldecir a Dios, sino maldecir su propia vida (3.1). En última instancia, el trabajo duro que deben hacer los Cuatro es recordar que la vida es un regalo que hay que recibir.

Como el don de la vida es efímero, un Cuatro no puede aferrarse a lo que tiene como identidad. La transformación consiste no solo en adquirir esta perspectiva, sino también en invitar a los demás a acompañarnos en el viaje, en ser capaces de reír y llorar juntos, estemos en la temporada en que estemos. En la desesperación, los Cuatro no encontrarán respuestas replegándose en un estado de aflicción. Hay que recordar que la envidia es el vicio principal de los Cuatro. Al principio del relato, Job vive una vida envidiable y de envidias. Sus amigos lo ven, y también el Acusador (Satanás), pero Job, no. Los Cuatro se esfuerzan por ver la envidia que otros tienen de ellos y están preocupados envidiando lo que ellos mismos sienten que les falta. En las acusaciones de Satanás está implícita la pregunta: «¿Por qué a Job?». Tal vez incluso sus amigos se preguntaron, al reflexionar sobre la gran riqueza de Job: «¿Por qué no a nosotros? ¿Por qué a él?».

Pero qué raro es que nos preguntemos, *cuando las cosas van bien*: «¿Por qué a mí?». Para los Cuatro en particular, la dificultad y escasa frecuencia de este tipo de reflexión revela sus expectativas de vida y su visión de ser propietarios de derechos, en lugar de su sentido de recibir todas las cosas como regalos y estar dispuestos a dejarlas ir, ya que valen menos que la identidad. La narración de Job trata de ir más allá del placer individual, las recompensas y las bendiciones, para pasar a experimentar una Deidad cósmica que es el centro de la creación. Cuando se comienza a hacer esto, el lamento puede ocupar un lugar apropiado en la pérdida, en lugar de perturbar la identidad central. Esto es precisamente lo que ocurre cuando Dios le responde a Job con una serie de preguntas retóricas.

Tipo Cinco

Una palabra: Investigador
Narrativa base: Nicodemo (Jn 3, 7, 19)
Pasaje para memorizar: Hebreos 11.32–40

Este es el panorama general para los Cinco: debes aprender a integrar tu mente en tu corazón y tu cuerpo. Como pensadores que son, los Cinco estudian, observan e investigan de forma natural. Buscan saber todo lo que concierne a aquello en lo que están inmersos, y solo pueden dedicarse a una tarea a la vez. Einstein escribió una vez que lo único que quería conocer era la mente de Dios: todo lo demás eran detalles.[16]

Los Cinco no saludables temen la ineptitud y a menudo están ávidos de conocimientos que atesoran para sí. Como resultado, los Cinco pueden verse retraídos, aislados y solos. Como lo que saben en la cabeza suele estar alejado de las emociones (corazón) y la voluntad (manos), procuran la independencia de todo lo que les exija algo. Esto se manifiesta como una huida de las relaciones en las que su autonomía podría verse amenazada, o puede ser algo tan simple como no querer utilizar sus dones en la comunidad. Su búsqueda de la autonomía engendra desconexión de los demás. Los Cinco saludables han aprendido que es imprescindible vivir interconectados y a menudo bendicen a los demás con su riqueza de conocimientos y su perspicacia. Nicodemo, el del Evangelio de Juan, muestra tendencias de Cinco en sus luchas con la verdad y con las implicaciones de las enseñanzas de Jesús si las integrara en su vida. El lector puede ver cómo se desarrolla en el Evangelio su crecimiento hacia la madurez espiritual. Como revelan las Escrituras, en la conversión al camino de Jesús, Nicodemo pierde su condición de fariseo y se une a una nueva comunidad de discípulos al integrar sus convicciones en su vida cotidiana.[17]

La narrativa del proceso de la conversión de Nicodemo, por medio de la investigación, se destaca en Juan 3, 7 y 19. Es un proceso que comienza «de noche», en la oscuridad (3.2), cuando busca furtivamente indagar sobre el carácter mesiánico de Jesús, «la luz» (1.4). Nicodemo es un ejemplo trascendental de un tipo Cinco que pasa del estado no saludable al saludable. Es transformado por medio de la renovación de su mente (Ro 12.2). Sin embargo, en su viaje, Nicodemo tiene que aprender que, para ser plenamente transformado, debe involucrar no solo su mente, sino también su corazón e incluso su cuerpo en una acción de su voluntad. La escala Engel —una evaluación del discipulado desarrollada por James Engel— ofrece una perspectiva útil de las etapas por las que pasa un tipo Cinco para llegar a dar testimonio de Cristo en la esfera pública. Además, los cristianos ortodoxos orientales podrían describir el proceso de conversión de Nicodemo utilizando las categorías iluminativa, purgativa y unitiva.[18] Para que se produzca la transformación, a los Cinco hay que concederles tres ingredientes esenciales: información, tiempo y seguridad. Jesús se los proporciona todos a Nicodemo.

Encontramos por primera vez a Nicodemo en Juan 3. Es un fariseo, lo que significa que posee conocimientos avanzados en la Torá. También siente curiosidad por Jesús, hasta el punto de que se acerca a Él de noche, lo que implica que acudió en secreto. Los Cinco no saludables evitan el riesgo a toda costa. Mantienen la información almacenada en sus mentes y se niegan a liberarla hasta que se resuelvan todos los misterios y preguntas. Nicodemo necesita más información de Jesús antes de seguirlo. Cuando Jesús llama a los primeros doce discípulos, no les da un tratado sobre su autenticidad, ni establece una sesión de preguntas y respuestas para mitigar sus temores. En lugar de eso, realiza algunas maravillas para apoyar su legitimidad y luego los invita a seguirlo. Esta estrategia no funciona con los Cinco, y desde luego no funcionó con Nicodemo. La invitación de Jesús al discipulado involucra al propio cuerpo, no es un mero asentimiento intelectual. Los Cinco suelen estar fuera de contacto con su cuerpo, pues prefieren mantenerse en su mente. Nicodemo no salió convertido de su tiempo con Jesús. Los Cinco buscan categorías de verdad racionales, razonables y sistemáticas. Jesús enseñaba frecuentemente con parábolas, metáforas y paradojas. A lo que Jesús le enseñó esa noche, Nicodemo respondió: «¿Cómo es posible que esto suceda?» (3.9). Esto no implica necesariamente que fuera un escéptico. Más bien, significa que necesitaba tiempo para procesar antes de comprometerse.

Los lectores vuelven a encontrarse con Nicodemo en Juan 7. Ha pasado el tiempo, y los sumos sacerdotes y los fariseos están debatiendo por qué aún no se ha arrestado a Jesús. Nicodemo se arriesga a expresar sus pensamientos: «¿Acaso nuestra ley condena a un hombre sin antes escucharlo y averiguar lo que hace?» (7.51). El lector observa cómo alguien que antes era un buscador retraído e inquisitivo pasa a ser alguien dispuesto a llevar la contraria a conciencia a los poderosos que tiene delante. Cuando los Cinco tienen convicciones clave, pueden ser las personas más convincentes y poderosas del mundo, debido a su capacidad de apoyar sus argumentos con razonamientos y argumentos bien elaborados. No es de extrañar que los Cinco sean con frecuencia grandes abogados, profesores y escritores.

El último punto del Evangelio de Juan donde el lector se encuentra con la historia de Nicodemo es el capítulo 19. Jesús ha sido crucificado y Nicodemo acompaña a José de Arimatea para ocuparse de su cuerpo (19.38–40). Según Tolomeo, Gervais y De Roo: «Podemos deducir que Nicodemo no estaba de acuerdo con la decisión del concilio de arrestar y matar a Jesús [... y que] él ya no podía observar [...] sino que ahora sería uno de los que estaría bajo vigilancia».[19] El hombre que antes acudió a Jesús en la oscuridad está dispuesto a andar bajo la luz de sus nuevas convicciones de que Jesús es el Mesías. Se trata nada menos que de una sorprendente transformación que se pone de manifiesto en sus acciones. Cuando los Cinco actúan, es porque están decididos y convencidos. Para Nicodemo, no se trata de un mero gesto de bondad, sino de una promesa de fe, una promesa de verdadero compromiso, dado que el Mesías ha muerto.

Los Cinco que procuran entender mejor su historia cotejándola con la narrativa bíblica encuentran en Juan 3, 7 y 19 una incisiva percepción. El pasaje que deben memorizar los Cinco es Hebreos 11.32-40, un texto que los anima a luchar contra el posible precio físico de mantener las convicciones cristianas en un mundo secular. Verdaderamente, el camino de Jesús requiere que, llegado el momento, los discípulos pongan sus cuerpos y sus corazones al servicio de lo que sus mentes abrazan como verdad.

Tipo Seis

Una palabra: Cuestionador

Narrativa base: Pedro caminando sobre el agua
(Mt 14.22–33)

Pasaje para memorizar: 1 Pedro 5.7

El panorama general para los Seis es: puedes vencer tu miedo si estás dispuesto a enfrentarte a él. El león de *El Mago de Oz* era sin duda un Seis en busca de valor. En la Biblia, Pedro es el que mejor ejemplifica la vida de un Seis. Los Seis pueden ser grandes líderes. Aunque su principal vicio es el miedo, los Seis saludables transforman el miedo en valentía y a menudo logran grandes cosas con los de su alrededor. Los Seis residen en la tríada del pensamiento.

Debido al miedo y a la inseguridad, los Seis suelen desconfiar de sus pensamientos y, por lo tanto, buscan reglas y estructuras para guiarse.[20] Esto puede ayudarlos a tener principios, pero también puede llevar a la consecuencia no deseada de que desconfíen de su toma de decisiones. «Su vívida imaginación puede hacer que a menudo se vean envueltos en un daño o amenaza potencial en una determinada situación».[21]

Independientemente de cómo se interprete el famoso pasaje de Jesús sobre las llaves del reino, hay consenso en que Pedro, al ser el mayor, era el líder de los discípulos y conservó ese rol en alguna medida por el resto de su vida. En la vida de Pedro hay muchos ejemplos que ayudan a identificar su tipo del Eneagrama como un Seis. Cuando se enfrentan a una decisión difícil, los Seis suelen distraerse con un asunto menos complicado para evitar el problema. Valorar a Pedro como un Seis ayuda al lector a entender por qué volvió a pescar después de la crucifixión y antes de la resurrección. La pesca era una tarea habitual que le ofrecía seguridad dentro del atolladero inicial de confusión, traición y pérdida tras la muerte de Jesús. En Jesús, Pedro «había encontrado por fin una autoridad en la que podía confiar [...] y con quien se sentía seguro y protegido».[22] Incluso antes de la crucifixión, a pesar de su confianza en Jesús, el temor paralizó a Pedro. Una vez que Jesús es detenido, la seguridad de Pedro se desmorona. Piensa que le van a hacer daño a él también, huye de la escena y se deja llevar por sus miedos, lo que le lleva a negarle tres veces. El canto del gallo después de la tercera negación le sirve de llamada de atención.

En el miedo, los Seis procuran esquivar la situación. Lo irónico con los Seis es que buscan la autoridad aunque desconfían de ella. Después de la crucifixión, Pedro está aturdido porque la confianza que depositó en Jesús le había fallado rotundamente. Tolomeo, Gervais y De Roo ofrecen una aguda perspectiva de esta dinámica:

El trabajo de transformación de los Seis consiste en recuperar la lealtad incuestionable que le han tenido a una autoridad exterior y traerla de vuelta a ellos mismos. El encuentro de Jesús con Pedro después de la resurrección cumple este cometido. Al interrogar a Pedro sobre su amor, Jesús lo ayuda a mirar dentro de sí mismo y a descubrir el amor que hay en su interior y que no se ofrece únicamente como reacción a lo que se espera de él. Los Seis que recurren a su fuerza interior aprenden a actuar conforme a lo que saben desde su interior y no a lo que les ha dicho una autoridad externa. Tras el encuentro con Jesús, Pedro es capaz de continuar su discipulado gracias a su nuevo valor y amor, hasta el punto de sufrir finalmente el martirio.[23]

Que quede claro, no se trata de sugerir que los Seis busquen en su interior la fuente última de la verdad al estilo de lo que podría decir una filosofía de la Nueva Era. El camino cristiano hacia la valentía consiste más bien en cultivar la atención a la voz de Dios en el interior y en actuar con audacia a partir de lo que se escucha. Por eso para los Seis es imprescindible la obra profunda de la oración. El regalo de la narración bíblica de Pedro es que los lectores se encuentran con un joven e imprudentemente ingenuo seguidor de Jesús que madura a lo largo de las décadas hasta convertirse en un hombre saludable, transformado y valiente.

Uno de los relatos más famosos de la vida de Pedro es cuando se acerca a Jesús sobre las aguas. Esta escena, que se cuenta en Mateo 14, presenta a Pedro como el Seis contrafóbico que ingenuamente abandona la seguridad de la barca y camina sobre el agua hacia Jesús. Lo increíble del relato es que la idea de andar sobre el agua sale de Pedro. A ninguno de los otros discípulos se le ocurre salir para ir con Jesús, ni siquiera al «discípulo a quien Jesús amaba». Sin embargo, antes de salir de la barca, Pedro busca la autoridad para hacerlo.

> —Señor, si eres tú —respondió Pedro—, mándame que vaya a ti sobre el agua.
> —Ven —dijo Jesús. (Mt 14.28–29)

Sin embargo, como suele ocurrir con los Seis, cuando arrecian las olas, el miedo de Pedro también crece, y hace que se retracte de su idea original. Para los Seis, las circunstancias externas pueden ser paralizantes. Lo que comenzó con los ojos puestos en Cristo se convierte en un centrarse en lo externo, y Pedro se hunde. En el momento de hundirse, Pedro clama para que lo salve. Y, según el texto: «En seguida Jesús le tendió la mano» y lo sujetó (14.31). En contra de la autosuficiencia y la espiritualidad pop, lo que el cristiano debe hacer no es confiar en sí mismo, sino en la actividad de la presencia de Dios en su interior.

Pedro no se salva recurriendo a pensamientos positivos o previendo resultados optimistas, sino clamando para que Jesús lo salve, para que Dios actúe. La dependencia del cristiano sigue radicando en Cristo, pero de tal manera que hay que participar y actuar con Dios en lugar de esperar pasivamente. Si Pedro no hubiera clamado, tal vez habría seguido hundiéndose hasta el fondo del mar en su autosuficiencia. Cuando uno mira el transcurso de la vida de Pedro en las Escrituras, es evidente que el Pedro que aprendió a confiar en el Dios que se hizo hombre tuvo más tarde que confiar en el Dios que envió el Espíritu. La tarea actual de los Seis es cultivar la percepción de la voz de Dios, que conduce y guía en medio de circunstancias caóticas. Un salmista nos recuerda que Dios da a conocer los caminos de la vida (Sal 16.11). A su debido tiempo, Dios revela todo el conocimiento para andar por el camino del misterio. Lamentablemente, muchos Seis nunca llegan a madurar hasta este punto. Sin embargo, los que maduran aprenden la tarea perpetua de echar sus ansiedades y temores sobre el Señor, pues Él cuida de ellos (1 P 5.7).

Tipo Siete

Una palabra: Entusiasta
Narrativa base: Salomón
Pasaje para memorizar: Eclesiastés 3.1

La idea general de los Siete es la siguiente: la vida es breve, así que afronta tu dolor. También conocido como el Entusiasta, el Siete se encuentra en la tríada del pensamiento (ver el Apéndice para más información sobre las tríadas). Como se indica en el capítulo 2, los Siete son felices por fuera, pero a menudo están tristes por dentro debido a algunas experiencias dolorosas. El personaje bíblico con el que más se identifican los Siete es el rey

Salomón, del Antiguo Testamento. Según Tolomeo, Gervais y De Roo, los Siete suelen utilizar la ocupación como forma de evitar «cualquier confrontación directa con sus heridas internas».[24] También buscan cierto nivel de dominio sobre los placeres que persiguen ardientemente.

Recordar que los Siete residen en la tríada del pensamiento ayuda a entender las motivaciones y el comportamiento de Salomón. Cuando David le pasó el testigo a Salomón para que reinara sobre Israel (1 R 2—3), este no estaba seguro de qué hacer exactamente. Actuando desde su centro de pensamiento, decidió ir al monte Gabaón, donde ofrecería sacrificios espléndidos a Dios. En última instancia, no fue Dios quien le exigió a Salomón que realizara estos sacrificios, pero en las intenciones de Salomón vislumbramos su naturaleza desmesurada, que se reveló con más claridad en su vida con el paso del tiempo.

El progreso de Salomón no se produjo mientras ofrecía sacrificios que pensaba que le serían gratos a Dios, ni siquiera cuando estaba despierto. En realidad, llegó en pleno sueño. Durante el sueño, nuestros centros mentales y físicos se desconectan, mientras que el centro de los sentimientos permanece activado. Es este centro el que permite soñar. Mientras Salomón duerme, Dios le pregunta qué desea. Su respuesta es pedir sabiduría para gobernar al pueblo (1 R 3.5–9). Tolomeo, Gervais y De Roo señalan: «Teniendo cerradas sus formas preferidas de conocimiento, Salomón tiene rápido acceso a sus sentimientos. Su respuesta a Dios no procede de la cabeza, sino del corazón».[25] El significado de esta idea es que los Siete, que a menudo reprimen los sentimientos, suelen tomar decisiones para la vida sin estar en contacto con sus deseos más profundos. Por eso muchos Siete luchan contra la adicción, la ansiedad y el comportamiento exterior desmesurado. Cuando Salomón salió de su centro de pensamiento y entró en el centro de sentimiento, se liberó la sabiduría. Los Siete saludables son capaces de enfrentarse a su dolor y buscar sanidad para aplicar lo que sienten a lo que piensan en cualquier situación.

En un ejemplo concreto, la sabiduría de Salomón es puesta a prueba cuando dos mujeres le piden que resuelva su disputa sobre cuál de ellas es la verdadera madre biológica de un niño (1 R 3.16–28). Ordenar que cortasen al niño por la mitad y que cada mujer recibiera una parte resultó ser la acción decisiva que reveló quién era la madre. Salomón no resolvió el asunto mediante un debate o un razonamiento, sino apelando a las emociones. Esta es una característica de un Siete saludable, que entiende que los sentimientos tienen valor y no hay que descuidarlos, entumecerlos ni encubrirlos mediante una conducta desmesurada.

Salomón demostró sus características de Siete en su preocupación por los planes de futuro. Su visión para el templo era algo incomprensible para sus oyentes (1 R 9.10–26). Hasta la reina de Sabá quedó impresionada. Todas las naciones de alrededor vieron el poder, la riqueza y la supremacía religiosa de Israel (10.23–24). Importó doce mil caballos de Egipto, construyó flotas de barcos nunca vistas, importó oro, tuvo catorce mil carros y amó a más de mil mujeres, muchas de ellas de naciones extranjeras.

La indulgencia, como suele ocurrirles a los Siete, fue la perdición de Salomón. Hacia el final de Eclesiastés, se lamenta de que todas estas búsquedas no son nada en comparación con el Dios eterno. Algunos especulan que su abundancia de esposas le sirvió a Salomón para luchar contra el vacío interior.[26] Cualquiera que sea la forma que adopten las ambiciones exacerbadas de los Siete, el resultado es siempre el mismo: vanidad de vanidades. Algo vital para los Siete es la voluntad de afrontar el dolor. El Siete que evita el dolor a toda costa al final ve cómo cada vez el coste es más pesado, lo que se traduce en humillación, desesperación y, para algunos, tendencias suicidas.

El versículo que debe memorizar un Siete es Eclesiastés 3.1, en el que el autor le recuerda al lector que todo en la vida tiene su tiempo. La implicación de esto es que no todos los tiempos son apropiados para todo. Todas las cosas, con moderación, merecen un lugar legítimo en un contexto adecuado. Eclesiastés muestra que Salomón maduró a partir de la experiencia. Como dicen Tolomeo, Gervais y De Roo: «Aprendió que llorar es tan necesario como reír y que sus sentimientos pueden apoyar, y no socavar, su obra».[27] El lector aprende que Salomón rechaza la evasión como estrategia de supervivencia. Salomón aprende que el camino para prosperar no es una vida de distracciones y conducta desmesurada. A los Siete les conviene prestar atención al relato de Salomón en 1 Reyes y estudiar Eclesiastés como una muestra de adónde conduce una vida sin templanza.

Tipo Ocho

Una palabra: Desafiador

Narrativa base: La mujer sirofenicia (cananea)
  (Mt 15.21–28; Mr 7.24–30)

Pasaje para memorizar: Proverbios 3.5–6

El panorama general para los Ocho es: tu pasión por la justicia es buena, pero la autosuficiencia y el puro activismo solo te traerán fatiga en el alma, amargura y un corazón cansado. Los Ocho son personas fuertes. Decisivos, audaces y centrados en la justicia, los Ocho se sitúan en la tríada del cuerpo o de los sentimientos (ver el Apéndice para más información). Su poder puede confundirse a menudo con la autoafirmación cuando, en realidad, su objeto no son ellos mismos, sino alguna otra persona. Los Ocho no buscan necesariamente tener el control, pero sí evitar estar bajo el control de otro. En el Nuevo Testamento, tanto Marta como la mujer sirofenicia muestran la energía de los Ocho. Ninguna de ellas tiene miedo de reclamarle algo a Jesús; ambas se encaran a Él en nombre de la justicia que debe hacerse a otra persona, y ambas se muestran audaces y seguras de sí mismas. Estos rasgos femeninos, sobre todo en

escrituras

mujeres de la antigüedad, resultan excepcionales e incómodos para los lectores, porque socavan las nociones tradicionales de feminidad. Además, Tolomeo, Gervais y De Roo nos animan a reconsiderar nuestra tendencia a ver el comportamiento de los Ocho como algo impío: «Las personas que solo pueden imaginar a un Dios amable y que no plantea complicaciones tal vez quieran desestimar el poder de confrontación de los Ocho como canales inferiores de la Divinidad. Los Ocho, sin embargo, dirigen nuestra atención hacia el lado fuerte, poderoso y justo de la presencia divina en nuestro mundo. Al hacerlo así, se convierten en manifestaciones claras de la Sagrada Verdad».[28] Los Ocho son, muy probablemente, el tipo más incomprendido.

Este trabajo pondrá el foco en la narrativa base de los Ocho, la de la mujer sirofenicia (Mr 7.24–30). El relato del Evangelio sobre el encuentro entre Jesús y la mujer sirofenicia es, cuanto menos, incómodo. Cuando llega a la región de Tiro, Jesús trata de mantenerse alejado de las multitudes. Sin embargo, la mujer, cuya hija tenía un espíritu impuro, se entera de que ha llegado e irrumpe en la escena para postrarse a sus pies. Probablemente no fue la tarde tranquila que Jesús esperaba. Cuando suplica que la libere de las cadenas del demonio, Jesús se lo niega, diciéndole que los hijos (presumiblemente los descendientes de Israel), deben ser alimentados antes que los perros (los gentiles). Para el lector contemporáneo medio, esta imagen de Jesús no se ajusta a las concepciones tradicionales del Jesús que vino a sanar, perdonar y restaurar a todos los que se lo pidiesen.

Sin embargo, la mujer no quiere permitir que triunfe la injusticia. Lucha por su causa y le discute al Hijo de Dios afirmando que hasta los perros comen las sobras de la mesa de los hijos. Al presionar buscando justicia, señala que hay suficiente poder para que incluso los gentiles participen en la obra restauradora de Jesús. Maravillado por su fe, Jesús declara a la hija, que no está presente, sanada en ese mismo instante. Y así fue.

El relato destaca la franqueza de la mujer sirofenicia, su presteza para discutir y su pasión por la justicia.[29] Se la describe como fuerte, resuelta y dispuesta a enfrentarse incluso a un hombre cuyo poder social y espiritual era claramente superior al suyo. Ella no parece querer el control en el sentido de recibir el poder para sanar ella a su hija. Lo que quiere es canalizar el poder de Jesús hacia la expulsión de la actividad demoníaca que opera en su hija. Los Ocho suelen estar dispuestos a pagar el precio por aquello que consideran valioso. En este caso, arriesga su reputación y las convenciones sociales para exigir justicia para su hija. La mujer se niega a aceptar un no por respuesta. Es pragmática y no intenta corregir la discriminación étnica de Jesús (si es que esta existiera en realidad); en su lugar, emplea una estrategia para encajar dentro de la idea de Jesús con el fin de conseguir lo que quiere; es una estrategia brillante que manifiesta una mentalidad de Ocho.

Uno de los dones de los Ocho es un gran corazón. Aunque a veces son incomprendidos, los Ocho buscan la verdad por encima de todo. Una de las diferencias claras entre un Ocho no saludable y uno saludable es el deseo esencial de seguir siendo autosuficiente.[30] La mujer sirofenicia, desesperada, llegó a un estado saludable al acudir a Jesús en busca de ayuda. Esto no es algo fácil para los Ocho. Estos deben recordar que la transformación suele estar más a la mano cuando se encuentran en un callejón sin salida, ya que requiere la ayuda de los demás.

El último aspecto a destacar es el tema de la equidad. La equidad es un valor primordial para los Ocho. Tanto Jesús como la mujer defienden lo que consideran justo. Cuando la mujer argumenta a favor de la imparcialidad con respecto a los exorcismos, Jesús está dispuesto a concederle la petición. Los Ocho son los más asertivos y dominantes cuando se trata de cuestiones relacionadas con la equidad, la justicia y la búsqueda de la verdad. Este es el caso de la mujer sirofenicia. Como escriben Tolomeo, Gervais y De Roo: «La mujer muestra la franqueza del Ocho al no preocuparse por la opinión de los demás cuando hay cosas urgentes que hacer [...]. Su corazón la motiva a convertirse en protectora de los débiles».[31] Para los Ocho, la lección principal de este pasaje es confiar en Dios y no en uno mismo. Dios, a su debido tiempo, alimenta a los hambrientos, viste a los enfermos y da descanso a los quebrantados de corazón. Al mismo tiempo, Dios actúa a través de los humanos como intermediarios de este amor y compasión. Los Ocho tienen que aprender a actuar, pero no fuera de la guía de Dios.

Tipo Nueve

Una palabra: Pacificador
Narrativa base: Abraham (Génesis 12—25)
Pasaje para memorizar: Josué 1.7–8

El panorama general para los Nueve es: comprométete con el viaje de autodescubrimiento y actúa según tus convicciones. Los Nueve son los mediadores y pacificadores de este mundo. Residen en la tríada intuitiva y parecen poseer una benevolencia universal. Son «reconfortantes, desinteresados y complacientes».[32] Debido a su ardiente deseo de paz, es posible que eviten el conflicto a toda costa y busquen la estabilidad en las circunstancias y las relaciones. Los Nueve no saludables son vistos como perezosos y pasivos, a la espera de que las malas circunstancias se arreglen solas. Esto se debe a menudo a una falta de visión, convicción y dirección claras. En el peor de los casos, los Nueve son perezosos en su búsqueda de la transformación. El versículo que los Nueve deben comprometerse a memorizar es Josué 1.7–8: «Solo te pido que tengas mucho valor y firmeza para obedecer toda la ley que mi siervo Moisés te ordenó. No te apartes de ella para nada; solo así tendrás éxito dondequiera que vayas. Recita siempre el libro de la ley y medita en él de día y de noche; cumple con cuidado todo lo que en él está escrito. Así prosperarás y tendrás éxito». El arrojo y la convicción son imprescindibles para los Nueve al embarcarse en el viaje de la transformación.

Aunque el viaje que Dios llamó a emprender a Abraham posee una dimensión de relevancia nacional, es en primer lugar un viaje de descubrimiento personal. Hay seis momentos (o escenas) clave en la peregrinación de Abraham que expresan las características clásicas de los Nueve. La primera escena de su viaje es significativa. A partir de Génesis 12, después de vivir setenta y cinco años en el mismo lugar (algo que no es inusual para un Nueve), Abraham se marcha, llevando consigo a su familia en un viaje incierto. Obviamente, su monólogo interior no está en el texto bíblico, solo se afirma que Abraham obedeció y dejó la vida a la que estaba acostumbrado. Vemos el significado de esto en Génesis 12.1, donde Dios le ordena «vete» (RVR1960), que en hebreo también puede traducirse como «ve a ti mismo».[33] Aunque no es la interpretación común, es una lectura plausible. Esta primera escena demuestra la voluntad de Abraham de embarcarse en un viaje de transformación. Con la pereza como vicio principal, un Nueve no saludable se habría resistido al llamado y se habría quedado en su tierra.

La segunda escena de la historia de Abraham se produce cuando él y Sara llegan a Egipto huyendo de la hambruna relatada en Génesis 12. Temen que el faraón mate a Abraham si descubre que Sara, que es muy bella, es su esposa. Decidido a engañar al faraón para que crea que Sara es su hermana, Abraham trata a toda costa de evitar el conflicto, hasta el punto de comprometer la verdad. Al final, la verdad sale a la luz y el faraón los manda irse, con vida. La tercera escena está en Génesis 13, donde, debido al aumento de sus rebaños y a las limitaciones geográficas, Lot y Abraham se separan. Abraham le dice a Lot: «No debe haber pleitos entre nosotros, ni entre nuestros pastores, porque somos parientes» (13.8). Tanto desea mantener la paz que le permite a Lot elegir la dirección que desee. Abraham, después, se irá por el otro lado.

Los Nueve suelen preservar la paz, aunque tengan que conformarse con una realidad inferior. Además, a menudo no están en contacto con sus deseos. En Génesis 15 se produce la cuarta escena. Abraham y Sara siguen siendo estériles, pues aún no han recibido la promesa de Dios de darles un linaje. Sara urde un plan para que Agar, su sierva, le dé un hijo a Abraham, con el fin de continuar su descendencia. Poco después, siente celos de Agar y le ordena a Abraham que la eche. Como en ocasiones pasadas, Abraham la escucha y sigue el plan según los deseos de Sara. Una vez más, con el fin de mantener la paz, Abraham evita hacer lo correcto.

En Génesis 17, ha pasado casi un cuarto de siglo y Abraham no tiene ningún linaje en el que Sara sea la matriarca. Los Nueve se caracterizan por mostrar paciencia, y este rasgo de Abraham contrasta claramente con la personalidad de Sara. La quinta escena que muestra la identificación de Abraham como Nueve está en Génesis 18. Al enterarse de que Dios planea aniquilar a Sodoma por su impiedad, Abraham aboga por el territorio de Lot para que no lo destruya. Como muchos Nueve, asume un papel de mediador, intentando forjar la paz entre Dios y las muchas personas que perderán la vida de forma inminente.

La sexta y última escena que vincula a Abraham con el tipo Nueve se encuentra en Génesis 22, uno de los capítulos más extraños y misteriosos de toda la Biblia. A Abraham se le ordena sacrificar a Isaac, su hijo, el hijo único de Sara. En la tradición oral judía, algunas historias cuentan que Abraham fue fabricante de ídolos en su juventud. Por lo tanto, esta fue la prueba final para saber si confiaba en el Dios vivo o si procuraba modelar a Dios según sus propios deseos. Una vez superada la prueba, Abraham se dispone a sacrificar a Isaac y, justo antes de clavarle el cuchillo, Dios interviene y le provee un carnero. El viaje de

Abraham como Nueve, que comenzó con el descubrimiento de sí mismo, termina también con su plena transformación.

Sin duda, Abraham aprende a confiar en la voz de Dios y a actuar cuando se le llama. Al final de su vida, Abraham es plenamente consciente de quién es: «El viaje de Abraham y Sara es el nuestro, el de dejar las tierras familiares que conocemos y pasar a un lugar de confianza y conexión con nuestro verdadero ser y con Dios».[34]

Si Jesús es Señor [...] cualquier evangelio que no abarque tanto la evangelización como la acción social es una mala imitación.

—N. T. Wright

Vete a tu casa, a los de tu familia, y diles todo lo que el Señor ha hecho por ti y cómo te ha tenido compasión.

—Marcos 5.19

LA PREGUNTA DEL ESCÉPTICO: ¿Acaso el Eneagrama no es una herramienta de la Nueva Era?

RESPUESTA: No, es una herramienta humana que los cristianos pueden utilizar para profundizar en la fe e invitar a otros a la historia de Dios en la que Él sana la fractura del mundo.

¿Alguien ha ido a dar testimonio esta semana?», preguntó el pastor con un ligero matiz de condescendencia religiosa. Las doscientas personas presentes nos quedamos mirando la alfombra gris. Levanté la mirada de manera furtiva para hacer un recuento manual: cero.

Tenía veinte años, trabajaba en una iglesia local, era un apasionado de Jesús y estaba comprometido con la vida en el reino de Dios. Era el lanzamiento de un nuevo ministerio para jóvenes adultos dirigido por mi jefe de entonces. Continuó predicándonos que si realmente amáramos a Jesús estaríamos más dispuestos a compartir nuestra fe en el campus universitario. Para él era fácil decirlo, escondido en la comodidad de su despacho cinco días a la semana.

Para las generaciones emergentes, «evangelización» es una palabra grosera. Pero no debería ser así. Escuchando a ese pastor, empecé a preguntarme si el evangelismo, la evangelización, era un arte perdido. O tal vez era como una antigua reliquia que había perdido su brillo y llevaba tiempo en el olvido.

El Eneagrama puede ayudarnos a redescubrir el evangelismo y sus raíces bíblicas. Puede darnos un lenguaje común para poder encontrar a las personas allí donde están, para abrir los corazones de quienes nos rodean y buscan el sentido más profundo de la vida.

Lo que tienen en común el evangelismo y el Eneagrama es la premisa de que la vida es algo bello y a la vez roto, tanto a nivel sistémico, corporativo y global como individual, personal y local. Este último nivel se extiende y afecta al primero. No veremos la sanación de los sistemas del mundo hasta que tengan lugar la sanidad y la transformación personales, por la sencilla razón de que los sistemas están hechos de la agrupación de seres humanos individuales. Así que tal vez los cristianos deban volver a preocuparse por el arte de la evangelización, sobre todo si sostenemos que Jesús es la respuesta a la fractura del mundo. Pero probablemente deberíamos empezar por repensar la forma en que nos comprometemos con los demás, para evitar reducir a las personas a proyectos.

Sostén*

Un aspecto del Eneagrama que se ha pasado por alto es un concepto llamado «sostén» o «apoyo». En todo lo que he leído de

---

* NOTA DEL TRADUCTOR: Todos los intentos de buscar un equivalente válido en español para este término tan polisémico (*holding*) han resultado en vano, pues

los expertos en Eneagrama, pocos hablan de este concepto. Ha sido uno de mis descubrimientos más significativos. Recuerda que el Eneagrama es una herramienta que «cartografía los distintos modos que desarrolla el ego para afrontar la ausencia, las interferencias, las rupturas y discontinuidades del apoyo».[1] Los apoyos son las diversas formas en que inconscientemente intentamos recomponer el mundo. El aspecto es diferente para cada tipo, pero la convicción interna es la misma:

El mundo está roto. Necesita reparación.
¿Cómo puedo ayudar?

Según la experta en Eneagrama Sandra Maitri: «Los nueve tipos del Eneagrama surgen como reacción a la pérdida de nuestra confianza básica y la consiguiente desconexión del ser».[2] Por lo tanto, hay partes de nuestra personalidad que se forman como consecuencia de las heridas, o de lo que la tradición cristiana podría llamar la caída. Debido a la entrada del pecado en el mundo, la raza humana busca «sostener» las situaciones de diversas maneras, como estrategia para reestabilizar nuestra realidad. El sostén o apoyo es la manera de afrontar la vida, de gestionar e intentar tener éxito en ella, en medio de la fractura que la caracteriza.

El autor kuwaití-estadounidense A. H. Almaas asigna a cada eneatipo unos apoyos específicos. Cada apoyo o sostén describe una estrategia subconsciente empleada para arreglar el mundo.

Tipo Uno: En un mundo roto, voy a triunfar por medio de la superación personal.

su sentido específico solo se capta a partir de las explicaciones que da el autor en estos párrafos. Las traducciones existentes de Almaas, a quien cita el autor, alternan «sostén» y «apoyo», y hemos respetado tales precedentes, aunque ninguna de estas palabras hace justo honor a este concepto.

Tipo Dos: En un mundo roto, voy a servir para que los demás me acepten.

Tipo Tres: En un mundo roto, voy a desarrollarme para conseguir el éxito.

Tipo Cuatro: En un mundo roto, voy a sentir sus dolores y a llorar con él.

Tipo Cinco: En un mundo roto, me aislaré para resolver los problemas.

Tipo Seis: En un mundo roto, me volveré temeroso y paranoico ante los peligros potenciales.

Tipo Siete: En un mundo roto, evitaré su dolor mediante la negación y la búsqueda del placer.

Tipo Ocho: En un mundo roto, lucharé por la justicia, airado ante la caída.

Tipo Nueve: En un mundo roto, voy a mejorarlo con rutina y tranquilidad.[3]

Al igual que el dios griego Atlas, obligado a equilibrar el peso del cielo sobre sus hombros, los apoyos dan a entender que cada uno de nosotros intenta, consciente o inconscientemente, mantener el peso del mundo sobre sus hombros. Intentamos arreglar el desgarro del mundo de formas particulares a través de nuestras personalidades. Esto no es de por sí algo malo. Simplemente subraya que somos conscientes de la fractura del mundo, que intentamos reparar la brecha y que nuestra personalidad desempeña un papel en nuestra forma de intentar lograrlo. En esa fractura, por tanto, podemos encontrar un terreno común en la esfera pública.

El judaísmo ofrece una maravillosa perspectiva sobre nuestro papel en la sanación de las fracturas de la sociedad: *tikkun olam*, que significa «reparar el mundo». Hemos sido integrados en la familia de Dios no solo como receptores, sino también como participantes, cada uno de nosotros con un papel único para unirnos a Dios en la gran renovación. Esto significa que, a pesar de nuestras diferencias de cosmovisión, de filosofía, de religión y de fe, la gran mayoría de la gente puede estar de acuerdo en que el mundo no es como debería ser, que nuestros lugares de trabajo y nuestros vecindarios necesitan una renovación, que aún queda una buena tarea por hacer en la reconciliación y la construcción de relaciones con nuestras familias y amigos, y que nuestra vida interior no es tan completa como deseamos.

Admitir la verdad de que estamos rotos es un regalo, y una liberación de la carga que nos impone la rectitud personal impostada. No necesitamos fingir. Negar la fractura que tenemos en común es vivir en la ilusión. ¿Has visto últimamente las noticias de la noche? ¿O has seguido el hilo de una disputa reciente en Twitter? ¿O te has fijado en lo que dijiste para ti la última vez que te viste en un atasco de tráfico?

No estamos completos.

Y aquí está el lado positivo de esa sombría realidad: todos podemos estar de acuerdo en la existencia de esa fractura. Nuestra labor de evangelización puede y debe comenzar en ese punto común de la fractura. La evangelización debe comenzar no donde discrepamos en cuestiones de doctrina, sino donde coincidimos en anhelos comunes. Y es dolorosamente obvio que el mundo no es como debería; ni nosotros. Empecemos por ahí.

Todos estamos de acuerdo en que nuestro discurso político está roto. Todos podemos estar de acuerdo en que muchas de nuestras instituciones están rotas, que la discriminación, la desigualdad y los privilegios están vivitos y coleando. Todos estamos de acuerdo en que la ansiedad, el miedo y la depresión no están en decadencia. Nuestra confesión común, por tanto, es que como individuos estamos rotos. El Eneagrama lo confiesa así. Somos hermosos y estamos rotos.

Lenguaje barato

Algo puede estar en quiebra y, sin embargo, tener valor. Que algo esté en bancarrota significa que carece del valor que antes tuvo. El lenguaje funciona así. El lenguaje puede llegar a irse a la quiebra. Como estadounidense que vive en el siglo veintiuno, a menudo me resulta difícil comprender la profundidad de los versos de Shakespeare. Lo mismo ocurre con las jergas. Nadie que tenga credibilidad cultural sigue diciendo que algo es «un alucine» para decir que le gusta. Simplemente pensarías que, o bien es una persona sin relevancia cultural, o bien se quedó congelada en el tiempo en 1973.

Jonathan Merritt lo ilustra claramente en *Learning to Speak God from Scratch* (Aprender a hablar de Dios desde cero), donde explora el reto de hablar de Dios en un mundo en el que el lenguaje cambia con rapidez. En otros tiempos podíamos acercarnos a la fuente de agua en el trabajo y hablar sobre el pecado. Podríamos organizar una fiesta en el barrio y tratar conceptos bíblicos como «pecado», «salvación» y «gracia» en el diálogo cotidiano. Pero, al menos en el Occidente moderno, ese tren ya ha pasado. Para que nuestros esfuerzos de evangelización sean eficaces, debemos empezar por donde estamos de acuerdo, utilizando palabras que tengan vigencia en las diversas visiones del mundo. Palabras como «pecado» y «caída» conllevan toda clase de cargas traumáticas que evocan en los oyentes vergüenza, condescendencia y clichés. Estos no suelen ser los lugares por los que empezar.

La belleza sí es un punto de partida. La fractura del mundo también. El Eneagrama mismo es un punto de partida, ya que las personas suelen estar abiertas al descubrimiento personal, a ver su propia belleza, pero también su propia fractura. Por eso el Eneagrama nunca debe ser un fin en sí mismo. Siempre es un medio para develar más de este gran misterio que llamamos vida.

«Di toda la verdad, pero no directamente». Emily Dickinson abrió todo un universo de sabiduría con este verso. Jesús a menudo decía la verdad de forma oblicua. Por eso las parábolas eran tan eficaces. Por medio de las parábolas, Jesús podía reafirmar la verdad de siempre, pero de manera indirecta y discreta. He comprobado que el Eneagrama es una manera indirecta y, por tanto, eficaz de abordar la evangelización. Nos ayuda a ganar credibilidad y a tener puntos en común con personas de orígenes diversos. Nos ayuda a llegar a la verdad final, pero siguiendo una dirección no explícita.

Para resumir lo que este capítulo ha destacado hasta ahora:

1. El Eneagrama es una herramienta que se está convirtiendo cada vez más en lenguaje común en la esfera pública.
2. El Eneagrama nos ayuda a mencionar tanto la belleza *como* la fractura nuestra y del mundo, fractura que consciente o inconscientemente trabajamos para reparar.
3. El Eneagrama es un camino indirecto que nos ayuda a llegar a la verdad clave de nuestra necesidad de ser redimidos desde una fuente que está más allá de nosotros mismos.

En esta fase es esencial que nosotros, como seguidores de Jesús, comencemos con nuestra propia fractura. No llegamos a la evangelización como santos perfeccionados que han resuelto todos los misterios divinos. Más bien, hablamos de las formas en que hemos sido y estamos siendo sanados y buscamos sanidad en el mundo a través de la vida *en Cristo*. He observado que cuando empiezo con el Eneagrama en lugar de con conceptos como el pecado y la muerte, al otro lado de la mesa noto que se abren los ojos, se agudizan los oídos y se inicia un diálogo. Es aquí, en nuestra fractura —el punto en el que estamos de acuerdo— donde a menudo más percibo cómo empieza Dios a moverse en la vida del otro.

A muchos lectores, sobre todo a los de un contexto urbano, esto les parecerá de sentido común. Pero hay muchos seguidores de Jesús que creen que el Eneagrama lleva a los adeptos al reino de Satanás. Me gustaría tratar brevemente esa suposición (errónea). En primer lugar, vamos a descartar la idea de que el Eneagrama es una teoría cristiana. No lo es. El Eneagrama no es Jesús, ni lo será nunca. No es necesario conocer el Eneagrama para experimentar la vida divina que nos ofrece Cristo. Pero tampoco es una teoría de la Nueva Era. Se trata más bien de una teoría humana. Al igual que Dios utilizó en su día las estrellas del cielo para guiar a unos astrólogos orientales —los sabios o magos— para encontrar y adorar a Jesús, también puede utilizar teorías de la personalidad humana, como el Eneagrama, para hacer accesible el evangelio en un mundo escéptico. La verdad es que Dios encuentra a las personas donde están, y no donde nosotros queremos que estén. Y el Eneagrama puede ser una herramienta para conocer a las personas allí donde están.

He visto de primera mano cómo sucede así. Conozco a muchos que han renunciado a la fe, a la iglesia, al Mesías, etc., pero están dispuestos a asistir a un taller de Eneagrama. Y, dentro de ese contexto, el Espíritu Santo puede comenzar de nuevo, y llevar con el tiempo a esa persona a reconocer que no hay salvación en los dioses de la autoayuda, el consumismo y la realización personal.

En segundo lugar, no se sabe cuáles son los orígenes del Eneagrama. Pero, cuando uno estudia a los padres del desierto, y en particular a Evagrio del Ponto, es evidente su coincidencia con el núcleo de la teoría del Eneagrama. Y aquí está la parte fascinante: Evagrio es el teólogo al que atribuimos la idea de los siete pecados capitales. Interesante ¿no? Evagrio quería ayudar a sus discípulos a comprender la naturaleza de su fractura (es decir, el pecado), pero quería contar esta verdad de forma indirecta.

Aquí tienes un ejemplo que ilustra por qué es importante: de vez en cuando, una iglesia cancela un taller que yo tenía que dirigir. Inevitablemente, se cancela no porque no se haya inscrito nadie, sino porque algunas personas de la iglesia temen que el Eneagrama abra a la gente a la espiritualidad de la Nueva Era. Por lo general, todo comienza con un pastor que desea ayudar a su congregación a crecer con más profundidad, que es justo el trabajo que realizo, utilizando el Eneagrama como herramienta para ayudar a los cristianos a crear un camino de discipulado basado en su personalidad particular. Pero, cuando se abren las inscripciones, una minoría ruidosa envía correos electrónicos, mensajes de voz y comentarios no solicitados para decirle al pastor que, si le abre la puerta de la iglesia al Eneagrama, lo siguiente será el pentagrama. Es una tontería, y afortunadamente no sucede con frecuencia, pero me entristece cuando ocurre.

Me entristece porque a menudo son este tipo de iglesias las que más necesitan herramientas nuevas para evangelizar un mundo en constante cambio. Son iglesias como estas las que suelen negarse a aprender el lenguaje que se utiliza en la esfera pública. Ellas más bien abordan la evangelización con una terminología que ya no sirve y la tratan como un mero proyecto para obtener conversiones. No es de extrañar que «evangelización» se haya convertido en una palabra grosera.[4]

Nuestros intentos de compartir la buena nueva de Dios en Cristo deben surgir de una postura de estar *a favor* del otro y no *en contra* del otro. Cuando las personas evangelizan y lo hacen desde una postura *contraria*, esta se hace dolorosamente obvia para el ser humano sentado al otro lado de la mesa, alguien que, por cierto, es portador de la imagen de Dios. La evangelización, bien entendida, dignifica a la otra persona sin necesidad de cosificarla como proyecto. En la evangelización, uno se da cuenta de que, independientemente del resultado, la persona que tenemos delante ya es portadora de la imagen de Dios. La evangelización saludable que se ajusta a la comisión de Jesús reconoce que cada persona tiene una historia transformadora que contar —una fe de la que vale la pena dar testimonio— y se niega a inculcar a la fuerza la verdad en el alma de otra persona o a disociar su participación en el evangelio de una auténtica invitación relacional. El autor Frank Viola nos recuerda: «En el siglo primero, las palabras "evangelio" y "evangelizar" se referían al anuncio, en el Imperio romano, de la llegada de un nuevo emperador. Los heraldos salían a proclamar la buena nueva, informando al pueblo que había comenzado una nueva era de paz, salvación y bendición. Luego los exhortaban a arrodillarse para adorar al nuevo emperador. Los apóstoles utilizaron este mismo lenguaje para describir la predicación del evangelio de Jesucristo».[5]

Cristo es nuestro Rey. *Él* dirige el mundo, no el presidente, ni nuestra nación, ni mucho menos nuestro equipo favorito. Nosotros damos testimonio del reinado de Jesús en nuestra vida y en la vida del mundo. Para corregir humildemente a mi antiguo jefe en aquella reunión de adoración de hace tiempo, diré que no «salimos a dar testimonio». Más bien, damos testimonio partiendo de un encuentro con el Dios vivo. Somos heraldos, no vociferantes; queremos hablar con la verdad, no con la fuerza, y dar testimonio, no ganar discusiones. Cuando compartimos nuestras historias transformadoras con los demás, el Espíritu Santo atrapa el corazón de las personas. Hay evangelización cuando, como si fuera un arroyo, la presencia de Dios brota en nuestro interior y comienza a desbordarse en nuestras relaciones y conversaciones. Además, así es como se ha compartido siempre la fe cristiana. El Eneagrama puede ayudar porque se ha convertido en algo común en la esfera pública (trasciende muchos credos, cosmovisiones y culturas) y porque habla de la fractura que tenemos en común y que se manifiesta a través de distintos patrones de personalidad.

Por medio del Eneagrama he podido ayudar a otros a identificar dónde están intentando subconscientemente mantener en equilibrio el mundo mediante su sostén o apoyo. Estos son realmente agotadores. No podemos hacerlo. Estamos rotos. Pero, si empezamos por la fractura —en lo que estamos de acuerdo— podemos ser sinceros sobre nuestra ansiedad, miedo, frustración y fatiga. Esta sirve como un punto crítico de partida desde el cual podemos ofrecer humildemente un camino que nos conecte con la sanidad, el poder y la renovación que hay en la persona de Jesús. Él nunca pretendió que reconstruyéramos el mundo nosotros solos. Si queremos realizar el largo camino de la sanación interior, la justicia exterior y la misericordia, es fundamental aguantar. Muchas personas están empezando a despertar a la dura verdad de que la sanación que deseamos no puede encontrarse en los lugares donde hemos estado buscando: el individualismo, el consumismo, la carrera profesional, la autoayuda... ni siquiera en limpiar la casa como remedio para nuestra ansiedad crónica. Nada de eso está funcionando.

La verdad es que la fractura no está solo «ahí fuera»; también está «aquí dentro». Todos somos un auténtico revoltijo, con algunas partes hermosas y otras rotas, removiéndose hasta el final. Como escribió el cantautor Derek Webb: «Dios mío, estoy retorcido en lo más profundo».[6] El cantante de hip-hop Propaganda lo expresa así: «Torcido... Yo, solo un palo torcido en toda su bondad».[7]

Si esto te ofende, o si te crees la rara excepción a la regla de la fractura del ser humano, medita en esto: lo más probable es que hayas consumido insectos, pelos de roedores y heces en tu último desayuno, comida y cena. La US Food and Drug Administration permite legalmente hasta nueve pelos de roedor por cada caja de espaguetis de medio kilo. Los granos de café que mueles para el desayuno pueden tener una media de diez miligramos o más de caca de animal por libra.[8] Señor, ten piedad. La cuestión es que hasta con un miligramo de fractura basta para hacer que te replantees tu sentido de justicia propia. En uno u otro grado, todos estamos rotos. En todos los grados imaginables, necesitamos ser sanados.

El Eneagrama nos ayuda a identificar nuestras áreas específicas de fractura, a reconocer nuestro sostén o apoyo y a abrir nuestra mente a la posibilidad evidente de que solos no estamos completos. Como cristianos, este es un punto de partida para una evangelización humilde. Al fin y al cabo, las primeras palabras de Jesús en su ministerio público no fueron: «Eh, oigan todos. No tengo muy claro que tenga que estar aquí. Todo parece ir bien por acá. Sigan con lo que están haciendo». No, sus primeras palabras fueron: «Arrepiéntanse, porque el reino de los cielos está cerca» (Mt 3.2). O, parafraseando: «Aléjense de sus caminos rotos, porque el reino de la completitud de Dios está sobre ustedes».

Nuestro siguiente paso puede ser ayudar a alguien a preguntarse, como hicimos nosotros en su día: ¿qué historia es lo suficientemente grande? ¿Qué historia es lo suficientemente redentora? ¿Qué historia es lo suficientemente convincente y poderosa como para eclipsar la fractura que hay en mí y renovar el mundo entero? La historia de Jesús de Nazaret, por supuesto.

En lugar de preguntar: «¿Alguien ha salido a dar testimonio esta semana?», quizá la mejor pregunta sea: «¿Puedo tener un testigo, el que sea?».

práctica

Crea una conversación intencionada con algún conocido que conozca el Eneagrama y que no se considere seguidor de Jesús. Considerar las formas en que puedes hablar de su tipo con ellos podría darte una apertura para compartir sobre su fractura personal y sobre cómo la vida en Cristo te está transformando de manera concreta.

El «carácter» es el equivalente humano a las letras que
se ven a lo largo de toda una barrita de Brighton Rock.
—N. T. Wright

Quien se conduce con integridad anda seguro;
quien anda en malos pasos será descubierto.
—Proverbios 10.9

> LA PREGUNTA DEL ESCÉPTICO: **¿Es cierto que estoy
> atrapado en mi número y que debería reconciliarme
> con mi forma de ser?**
> RESPUESTA: **Tienes en ti todos los eneatipos. Llegar a
> ser saludable dentro de tu tipo principal requerirá
> un esfuerzo en forma de prácticas espirituales y
> compromiso.**

En una de las metáforas más llamativas que he
oído, el teólogo y exobispo anglicano N. T. Wright
compara el carácter cristiano con cierta barrita
de caramelo británica. Aunque el «caramelo de roca»,
como se le llama a veces, se parece a un bastón de caramelo normal, no es un simple palo de azúcar. En cada
extremo de la barrita se lee «Brighton Rock». Si cortas
la barrita por la mitad, en los extremos recién cortados
se seguirá leyendo «Brighton Rock». Sencillamente, las
palabras de cada extremo se han extendido de forma
maravillosa (y un tanto misteriosa) por toda la barrita

carácter crear una regla de vida para la plenitud

de caramelo. Como señala Wright, lo que se ve en el exterior del bastón coincide con lo que se encuentra en el interior.

Todos hemos estado rodeados de personas que actúan de una manera en un determinado entorno y luego viven valores completamente diferentes en otro. Tal vez sea tu caso. Tal vez el mío también. Algunos se refieren a esto como tener dos caras o ser hipócrita, lo que históricamente significaba llevar una máscara, de manera que se da apariencia de virtud y nunca se revela el verdadero yo caído. Es lo opuesto a la integridad. Es lo contrario del carácter. Cuando decimos que un edificio tiene integridad o destaca por su buen carácter, es porque tiene una estructura coherente y estable desde los cimientos hasta el tejado. Lo mismo ocurre con los seres humanos. Ser una persona de carácter es llevar la integridad hasta el final. En lugar de cambiar de valores y virtudes según el momento, las personas con un buen carácter se presentan siempre de la misma manera, sea cual sea el contexto.

Los caramelos Brighton Rock son así. No importa dónde hagas el corte, las palabras siguen siendo las mismas. Wright dice: «En realidad no sé cómo se fabrica un Brighton Rock [...], pero una barrita normal no tiene por naturaleza unas palabras escritas que lo atraviesen».[1] El inventor de este caramelo extendió intencionadamente las palabras por toda la barrita. Lo mismo sucede con el carácter. Nadie llega a ser como Jesús por accidente. Siempre es el resultado de una intención radical.

Entramos en la familia de Dios por gracia, pero es la práctica la que nos hace semejantes a Cristo. Como dice tan maravillosamente Dallas Willard: «La gracia no es lo opuesto del esfuerzo, sino de la idea de tener que ganársela. Ganar es una actitud. El esfuerzo es una acción. La gracia, ya lo sabes, no tiene que ver solo con el perdón de los pecados».[2] No te equivoques: la vida te acabará «cortando» por la mitad, como un palo de Brighton Rock. Y lo que ves como resultado del corte es lo que eres. Cuando vamos más allá de la superficie y vemos un núcleo que no coincide con el exterior, sabemos que aún nos queda trabajo por hacer.[3]

El Eneagrama es una herramienta útil para revelar áreas específicas de fractura que necesitan un esfuerzo, durante el proceso en que intentamos convertirnos en personas íntegras. Los cristianos invitan al Espíritu Santo a transformarlos cuando se comprometen con prácticas espirituales duraderas para desarrollar su carácter. Gran parte del trabajo que nos corresponde es deshacer las heridas de nuestro pasado, tanto las cosas que hemos hecho como las que nos han hecho. En los últimos años, la neurociencia nos ha ayudado a comprender mejor la plasticidad (o agilidad) de nuestro cerebro. Nuestras conexiones neuronales se desplazan por los recorridos de menor resistencia, lo que significa que, cuanto más pienses o hagas algo, más se acabará convirtiendo en un pensamiento por defecto. Al igual que las rodadas de neumáticos en un camino de tierra, nuestras conexiones cerebrales se forman mediante una presión constante extendida en el tiempo. Si queremos cambiar nuestros patrones de pensamiento y comportamiento por defecto, tendremos que esforzarnos por reconfigurar las conexiones, no sea que estemos siguiendo por defecto caminos de destrucción.

¿Milagro en el Hudson?

En la tarde del 15 de enero de 2009, recibí un mensaje de texto diciéndome que pusiera el noticiero porque en Manhattan estaba sucediendo algo inusual. A raíz del 11-S, me preparé, por instinto, para la tragedia. Pero en realidad las noticias mostraban un acontecimiento espectacular: el aterrizaje de un avión en el río Hudson. El titular de la parte inferior de la pantalla decía: «Milagro en el Hudson». Poco después de su despegue del aeropuerto de La Guardia, el vuelo 1549 de US Airways se encontró con una bandada de gansos canadienses, algunos de los cuales volaron hacia los motores del avión y provocaron su fallo. Al no estar seguros de que el avión pudiera regresar al aeropuerto para realizar un aterrizaje de emergencia, el piloto Chesley «Sully» Sullenberger y el copiloto Jeffrey Skiles decidieron planear hasta el río Hudson. Algo facilito, ¿verdad?

El vídeo, en el que se veía reposar un enorme airbus sobre la superficie del agua, con los pasajeros de pie sobre sus alas, era, como mínimo, raro. Se habló de ello durante días, incluso en Los Ángeles, donde yo vivía entonces. La palabra que la mayoría de la gente utilizó para describir el hecho fue «milagro». ¿Quién hace planear un avión comercial con 155 pasajeros sobre un río? Desde la perspectiva de muchas personas, fue un milagro. Sin embargo, semanas más tarde, reflexionando sobre los acontecimientos de ese día, Sullenberger contó que él no lo veía así.

Por años, antes de su valiente acto que salvó a sus pasajeros, Sully se había aficionado a la práctica del vuelo sin motor. Cuando planea, el piloto coopera con el viento para dirigir su aparato hacia un destino. Aunque Sully nunca había practicado en concreto cómo planear un avión comercial, cuando llegó el momento de la crisis, sus instintos tomaron el control.

Así es como funciona la formación espiritual.[4] Los hábitos que formamos acaban formándonos. La idea de «estar a la altura en el momento» es falsa. Pocos de nosotros, por no decir nadie, puede estar a la altura de las circunstancias cuando llegan momentos difíciles; más bien, la mayoría de nosotros se limita a nuestro nivel más alto de entrenamiento previo.

Si quieres tener más paciencia por la noche con tus hijos, aprende paciencia por la mañana con tu Dios. Si quieres experimentar alegría en un tiempo de oscuridad, crea un hábito diario de hacer acopio de gratitud con el fin de remodelar tu perspectiva. Si quieres romper el hábito de ver pornografía, crea nuevos hábitos que te orienten hacia una historia mejor y toma medidas estratégicas para evitar el acceso en momentos de tentación. Todo parece sencillo, pero es en los hábitos simples y pautados donde se renuevan nuestras mentes, se reorientan los anhelos y se restablece la virtud. Las innumerables horas de vuelo de planeo de Sully lo hicieron aterrizar a salvo en el Hudson. Las prácticas en las que nos comprometemos pueden acabar salvando nuestros matrimonios, nuestras amistades e incluso nuestras almas. Es vital, pues, tomarse en serio estas prácticas, porque es en nuestro compromiso con las pequeñas cosas donde la presencia de Dios puede hacernos conforme a la imagen de Cristo.

Conectar el tipo con el carácter

Cada tipo del Eneagrama se centra en un vicio central y una virtud correspondiente.

	Vicio	Virtud
Tipo 1	Ira	Serenidad
Tipo 2	Orgullo	Humildad
Tipo 3	Engaño	Veracidad
Tipo 4	Envidia	Equilibrio emocional
Tipo 5	Codicia	Desapego
Tipo 6	Miedo	Valentía
Tipo 7	Gula	Sobriedad
Tipo 8	Lujuria	Inocencia
Tipo 9	Apatía	Acción

Esto no quiere decir que el vicio principal de cada tipo sea el único, o que la virtud principal sea la única que se debe buscar. Se trata más bien de ayudar a identificar áreas que son así por defecto y que constituyen tendencias naturales, y de nombrar específicamente la clase de personas que queremos llegar a ser para imitar a Cristo.

La lista no es exhaustiva, pero nos da la visión inicial para comenzar la labor de nombrar las áreas de crecimiento una vez que uno ha descubierto su tipo del Eneagrama. Por ejemplo, los Seis, por naturaleza, tienen más luchas con el miedo y, por lo tanto, deben tratar de desarrollar la valentía. Esto, pues, debería dar forma a las prácticas espirituales de los Seis. Los Nueve son los más tentados por la apatía y deben resistirse al impulso de volverse pasivos. Por lo tanto, deben realizar prácticas espirituales que llamen a la atención y a la acción. Los Tres se inclinan por el vicio del engaño y, por tanto, deben buscar prácticas para crecer en autenticidad. El tipo del Eneagrama de cada uno tiene mucho que ver con las prácticas espirituales de compromiso. Así es como se forma el carácter.

Permíteme ofrecerte un ejemplo personal. En el Eneagrama, yo soy un Tres. Soy consciente de que mis patrones de pensamiento por defecto son que nunca soy lo suficientemente bueno y que solo soy tan «bueno» como mi última enseñanza o como mi rendimiento en el último partido de baloncesto. También tengo mis dudas de que este libro te guste. Me siento cómodo en una sociedad meritocrática en la que obramos para convertirnos en personas de valor. Por lo tanto, habitualmente debo plantar cara a este patrón predeterminado mediante prácticas como la oración contemplativa y la soledad; de lo contrario, me desviaré por naturaleza hacia la exaltación de la productividad y hacia lo que la gente opina sobre mi rendimiento como forma de lograr la autoestima y la identidad.

Todos tenemos patrones de pensamiento y actuación por defecto. Las prácticas contra corriente son importantes para remodelar estos patrones, pero tenderemos a intentar evitarlas por la sencilla razón de que van en contra de nuestros instintos. Para que la integridad madure, uno debe comprometerse con tres principios específicos: objetivo, prácticas y hábitos.

Objetivo

Todo comienza con la articulación de tu objetivo. También todo termina con él. Sin un objetivo, nuestros esfuerzos van a la deriva en el desierto de las divagaciones o en los lodazales del deber. En el desierto de las divagaciones, tenemos problemas de parar y arrancar constantemente sin un objetivo fijo y con cambios constantes de opinión. Los lodazales del deber son aún peores. El deber es ese lugar en el que te encuentras cuando te paras a pensar: «¿Por qué estoy haciendo esto?» y «¿Quién estoy llamado a ser?». A veces nos pasamos años pasando por el aro antes de detenernos a plantearnos estas preguntas.

Las preguntas que comienzan con las palabras «por qué» y «quién» son esenciales para el pleno desarrollo humano. Si solo te comprometes con las preguntas que empiezan con «qué» sin conocer tu «quién», es fácil que acabes teniendo un espíritu religioso frío y amargo.

Empieza por ahí: ¿quién quieres ser?

Nombra tu objetivo aquí:

Objetivo (quién)

Para el cristiano, la respuesta a esta pregunta tal vez sea obvia. Nuestro objetivo es ser como Cristo. Llegar a ser como Jesús es el objetivo final de la existencia. Como declara la Escritura: «... como él [Jesús] es, así somos nosotros en este mundo» (1 J 4.17, RVR1960). Por desgracia, no siempre somos como Jesús en este mundo, por lo que nuestro objetivo debe ser claro y convincente. Si no está claro, iremos a la deriva. Si no es convincente, nos desviaremos cuando la vida nos ponga obstáculos. Yo siempre me recuerdo a mí mismo que cultivar el carácter de Cristo supera con creces a los amores menores que atraen a mis deseos. Cada uno de nosotros, independientemente de quiénes seamos o de cuál sea nuestro anhelo máximo, haríamos bien en articular nuestro objetivo: el «quién» o el «porqué» de nuestra existencia. Tendremos que volver a este objetivo una y otra vez para recordar que el difícil camino que hemos recorrido para crecer merece la pena.

Animo a las personas a mencionar un par de virtudes que cultivar para avanzar hacia su objetivo. Es vital ser específicos. La ambigüedad nunca cambia las cosas. Para apoyar tu crecimiento continuo hacia el «quién», tienes que especificar a continuación el «qué». Por ejemplo, tal vez tu reciente paternidad te haya revelado que te falta paciencia. O tal vez seas un estudiante y te has dado cuenta de que para terminar tus estudios la perseverancia es una virtud imprescindible. En el oeste de Michigan, donde vivo, recibimos probablemente menos luz solar en invierno que en ninguna otra región de Estados Unidos. Como el tiempo influye en nuestra salud emocional, es esencial comprometerse con la virtud de la alegría. (En el Apéndice encontrarás una lista completa de virtudes).

¿Qué debes cultivar esta temporada para avanzar hacia tu objetivo? Ten en cuenta que este será un viaje para toda la vida, por lo que no es necesario elegir más de dos o tres virtudes por temporada. A algunos les resultará útil centrarse solo en una por un período de tiempo. Considera cómo contribuye tu tipo del Eneagrama a tus patrones particulares por defecto de vicio y tentación. ¿Qué virtudes debes buscar en tu camino de crecimiento?

Virtud 1 (qué)	Virtud 2 (qué)

Prácticas

Ahora que has nombrado tu «quién» y tu «qué», puedes ser más práctico. Las prácticas son el «cómo» de la formación del carácter. Algunos se refieren a las prácticas como disciplinas. Recuerda lo que decimos en el capítulo 3 sobre las prácticas contra corriente y corriente abajo recomendadas para tu enea-tipo. Si son útiles, úsalas. (Para ver una lista más completa de prácticas espirituales, consulta el Apéndice). Cuando pienses en prácticas concretas, selecciona aquellas que te ayuden es-pecíficamente a cultivar las virtudes que buscas. Por ejemplo, la alegría suele aumentar a medida que nos conectamos más con la naturaleza. Si quieres crecer en la virtud de la alegría, podrías adquirir el compromiso de orar mientras caminas por un sendero cercano. Del mismo modo, podemos aumentar la paciencia cuando buscamos la soledad lejos del ruido; si sufres la tentación de la impaciencia, comprométete a tener momentos regulares de soledad en los que te alejas de la presencia de los demás y de la tecnología.

Las prácticas son para el ser humano formas de iniciar el contacto con Dios y, al mismo tiempo, someterse a Él en la disciplina, para ser transformado por la gracia. Un sencillo ejemplo es la lectura de la Biblia. Tienes que abrir la Biblia de manera activa, pero debes ser transformado de manera pasiva permitiéndole a Dios revelar, convencer y restaurar cuando te expones a la verdad bíblica. Los seres humanos somos activos en la búsqueda de prácticas específicas, pero pasivos en la re-cepción de poder con fines de transformación. Por lo tanto, las disciplinas espirituales no son solo una piedad deliberada de esfuerzo humano, sino también prácticas voluntarias en las que Dios se pone en contacto con nosotros.

Las prácticas contra corriente y corriente abajo que presen-tamos en capítulos anteriores son una forma de ayudar a cada eneatipo a pensar en cómo están conectados y qué prácticas pueden guiarlos hacia un estado saludable. Plantéate la posi-bilidad de aplicar esas prácticas o de adoptar prácticas de otro eneatipo. Elijas las prácticas que elijas, ten claro por qué crees que cultivarán una virtud más profunda rumbo a tu objetivo, y distingue cómo entra en juego tu personalidad y cómo esta puede ser moldeada hacia la plenitud.

¿A qué prácticas te gustaría comprometerte en esta temporada?

Práctica 1 (cómo)	Práctica 2 (cómo)

Hábitos

Por último, pero no por ello menos importante, es fundamental crear los ritmos en los que se lleven a cabo estas prácticas. Las buenas intenciones que nunca llegan a ser compromisos en el tiempo y el espacio se quedan en meras intenciones. Y las intenciones por sí solas no pueden transformar. Cuando las prácticas se convierten en rutina y, con el tiempo, en hábitos, comienza a producirse el crecimiento. Este es el «dónde» y el «cuándo» de la formación del carácter.

Adele Calhoun es una de mis heroínas. En parte ninja espiritual, en parte aficionada al Eneagrama, Adele ha aconsejado y pastoreado fielmente a cientos de discípulos y es autora de varias obras sobre la formación espiritual. Durante una reciente conversación telefónica, Adele me dio una interesante visión con respecto al Eneagrama y las prácticas espirituales: «Es irrelevante conocer tu número si no vas a trabajarlo». El Eneagrama es útil cuando lo vemos como un medio hacia la transformación y no como un fin para confinarnos a nosotros mismos y a los demás en un número. Para ver el cambio y manifestar el crecimiento y la salud dentro de tu tipo, tienes que trabajar las prácticas espirituales de forma consistente y duradera. Nadie que va al gimnasio después de tres años sin ir espera resultados inmediatos. La salud física requiere tiempo y hábito. La salud espiritual funciona de la misma manera. Es en nuestros hábitos donde reconfiguramos nuestras vías neuronales hacia la madurez.

Ahora que tienes claro tu objetivo, has establecido las virtudes que te harán avanzar hacia ese objetivo y sabes cuáles son las prácticas espirituales que te ayudarán a cultivar esas virtudes, el siguiente y último paso es comprometerte con los hábitos, es decir, con los momentos y lugares específicos con los cuales puedes empezar a hacer rutinas de tus prácticas. Algunas personas tienen una hora del día preferida, una silla favorita, un esquema de iluminación particular, o un camino preferido por la naturaleza. Todos esos detalles son importantes. Te aportan una sensación de intervención activa y de familiaridad que te dan conexión a tierra. Intenta conectar los detalles de cada hábito con una práctica específica. Por ejemplo, si crees que ha llegado el momento de crear un hábito de lectura bíblica diaria, marca los detalles de ese hábito bajo la práctica de lectura.

Anota algunos de esos detalles a continuación:

_____   _____

_____   _____

Hábito 1 (cuándo y dónde)   Hábito 2 (cuándo y dónde)

La presencia que buscamos

Muchos cristianos que conozco proceden de tradiciones que ahora tratan de evitar. En algunos casos esto es comprensible, pero también es lamentable. Las tradiciones transmiten convicciones de tiempos pasados. Sin duda, lo que en una generación comienza como una convicción central puede a veces convertirse en legalismo en otra generación. Por ejemplo, a principios del siglo veinte, el abuso del alcohol estaba fuera de control. Cuando las iglesias se posicionaron para liberar a las personas de la adicción en aquella época, la abstinencia del alcohol pasó a ser una convicción fundamental. Los hermanos Wesley predicaban la santidad, y la abstemia era una práctica central que aseguraba la libertad de los problemas de su cultura dentro de lo que se convirtió en la tradición metodista. Sin embargo, hoy día, varias generaciones después, las normas culturales han cambiado y las iglesias que siguen prohibiendo el consumo de alcohol pueden considerarse innecesariamente legalistas, sobre todo teniendo en cuenta que la Biblia no condena explícitamente el consumo de alcohol (y en algunos pasajes incluso parece celebrarlo). Con el tiempo, hay que reevaluar las normas para garantizar que aportan vida —y no legalismo— a cualquier sistema, y que sirven al objetivo final. Esto es lo que ocurre en Hechos 10 cuando Pedro recibe una nueva visión de las leyes *kosher* a la luz del nuevo pacto.

La expresión «regla de vida» no siempre es bien recibida en los contextos eclesiásticos, pero las dudas de la gente provienen a menudo de no entender lo que realmente es. Aclarémoslo, pues: una regla de vida, o *regula* en latín, es un compromiso para vivir consistentemente una forma de vida enraizada en un objetivo final. Sin un objetivo, o cuando perdemos el nuestro, nuestras prácticas carecen de sentido. Las prácticas están siempre al servicio del objetivo.

Ten en cuenta que es saludable cambiar tu regla de vida de una temporada a otra. Es normal experimentar sequía de vez en cuando. El contraste y el cambio pueden dar vida. Al igual que los cambios de patrones climáticos en las estaciones traen un contraste que se agradece (como cuando pasamos del verano al otoño, por ejemplo), lo mismo ocurre cuando hacemos un cambio en nuestras prácticas. No se trata de persistir en un hábito por pura terquedad; se trata de adquirir hábitos que apoyen tus prácticas y te lleven al objetivo que buscas. Una regla de vida permite flexibilidad y cambio dentro del ámbito general y fijo de tu objetivo.

Recuerda que lo que buscamos es a Dios y su presencia. En su presencia somos cambiados, y las prácticas espirituales son caminos que elegimos para centrarnos en la presencia de Dios. No meditamos las Escrituras solo para saber lo que dice el texto. Lo hacemos como una invitación para que el Espíritu Santo nos encuentre en esa historia cósmica. Del mismo modo, no nos adentramos en la naturaleza solo para admirar la belleza de la creación —por muy buena que sea—, sino para reencontrarnos con el Creador, el que lo sostiene todo con sus manos. Las prácticas son el medio por el que buscamos la presencia de Dios, que es nuestro objetivo final. Y, como en cualquier relación, el contraste es útil para no quedarse estancado. Así que permítete cambiar.

Como ya has rellenado las líneas de arriba, ponlo todo junto abajo para que veas cómo se conecta todo. Y que el Espíritu de Dios te encuentre en esos espacios mientras te comprometes a buscar la presencia de Dios a través de prácticas transformadoras específicas.

Regla de vida (Regula)

_____

Objetivo (quién)

_____   _____

Virtud 1 (qué)   Virtud 2 (qué)

_____   _____

Práctica 1 (cómo)   Práctica 2 (cómo)

_____   _____

Hábito 1 (cuándo y dónde)   Hábito 2 (cuándo y dónde)

El objetivo de *El camino de regreso a Él* es situar el Eneagrama en su lugar adecuado en la vida cristiana. Hay muchos que hacen demasiado hincapié en la herramienta, convencidos de que es un conocimiento esencial para el pleno desarrollo humano. Algunos pueden incluso tratarlo como una especie de sustituto psicológico de la fe, y eso puede llevar al narcisismo o a la desesperación. Otros, en el extremo opuesto, lo rechazan por completo, confundiéndolo con la espiritualidad de la Nueva Era o desechándolo debido a su popularidad entre los evangélicos.

Este libro emprende un camino diferente, una tercera vía, si se quiere. Las declaraciones siguientes son un último intento de concluir este trabajo con una articulación sucinta.

El Eneagrama no es Jesús, pero puede ayudarte a aprender a ser más como Él.
Los gnósticos de la antigüedad creían que la clave del pleno desarrollo humano era el conocimiento especial (*gnosis*). Este conocimiento solo estaba disponible para algunos elegidos, mientras que el resto de la humanidad estaba relegada a la ignorancia y a una potencial condenación. En mis años de trabajo con esta herramienta, ha habido ocasiones en las que he percibido una manera de ver el Eneagrama comparable con cómo los gnósticos consideraban el conocimiento

secreto. El lenguaje del Eneagrama puede funcionar como una marca de discurso codificado dentro de comunidades privilegiadas, donde los de dentro y los de fuera se forman, independientemente de su intención, en función de sus conocimientos.

Si se le da el lugar que le corresponde, el Eneagrama es una herramienta de conocimiento de uno mismo que ayuda a poner nombre a las tendencias en las que se necesita crecer para la madurez espiritual. El Eneagrama no es una religión, una fe ni una vía alternativa. Es simplemente una herramienta. Al utilizar esta herramienta, uno adquiere mayor consciencia de ciertos patrones y es capaz de elegir prácticas específicas que pueden transformar su mente, sus emociones y su cuerpo. El Eneagrama puede ayudar a conducirnos hacia Jesús, pero nunca es un sustituto de la fe viva en Cristo.

El Eneagrama no salvará tu matrimonio, pero puede aportarte una valiosa visión de tu dinámica relacional.
A lo largo de los años, mi esposa, Elaina, y yo hemos estudiado el uno el eneatipo del otro para entender mejor nuestra dinámica matrimonial. Este trabajo ha llegado a suponernos una gran ventaja a la hora de navegar por nuestras diferencias. En lugar de ver las particularidades de cada uno con recelo o confusión, hemos llegado a apreciar (e incluso a reírnos) el uno del otro por nuestras inclinaciones personales. A lo largo del proceso, los recursos del Instituto del Eneagrama (www.enneagraminstitute.com) nos han ayudado a crecer en nuestra relación.

He aprendido que su ala seis la hace temer lo desconocido. Asegurarse de que las puertas de nuestra casa están cerradas con llave por la noche y de que el sistema de seguridad está conectado refleja no solo una preferencia, sino también una fuerte necesidad de seguridad y protección. Ahora creo que esta predisposición siempre ha formado parte de su personalidad y muy probablemente se consolidó a una edad temprana. Como esposo, el Eneagrama me ha ayudado a aprender a honrar su deseo. (Esto ha sido un proceso, ya que crecí en un hogar donde a menudo dejábamos las puertas sin cerrar, de día y de noche).

Elaina ha aprendido que, como Tres, me gusta el rendimiento y recibir reacciones. Sus opiniones significan mucho para mí. Aunque no es de las que exageran o comparten su opinión sin que se la pidan, ha aprendido que soy sincero en mi deseo de escuchar lo que piensa y conectar con sus opiniones sobre mis escritos, mi enseñanza y mi liderazgo. A lo largo de los años, se ha comprometido a contarme sus reacciones con regularidad sin que yo se lo pida.

En resumen, estoy agradecido por cómo el Eneagrama nos ha ayudado a reflexionar y a navegar por nuestros anhelos para mejorar nuestras contribuciones a nuestra relación. Yo no recomendaría el Eneagrama como sustituto del asesoramiento matrimonial, pero sí afirmaría que es una herramienta increíblemente útil para ayudar al crecimiento de cualquier relación.

El Eneagrama no es una guía para la crianza de los hijos, pero puede ayudarte a comprender la singularidad de un niño.
Se dice que, alrededor de los cuatro años, los niños comienzan a mostrar patrones de comportamiento que coinciden con los tipos del Eneagrama. Recuerda que el viaje de descubrimiento del eneatipo lo hacemos cada uno por nosotros mismos. Sin embargo, el conocimiento de cada tipo puede ayudar a los padres a entender por qué los niños se guían por diferentes motivaciones y cómo guiarlos mejor en el camino que deben seguir.

Elaina y yo detectamos que nuestra hija, alrededor de los cinco años, presentaba tendencias perfeccionistas que tenían su origen en su deseo de complacernos. Esto se manifestaba en que era irrazonablemente crítica consigo misma si al emprender nuevas actividades no sobresalía en seguida. En lugar de empujarla a esforzarse más, el Eneagrama nos ha ayudado a entender algunas de sus tendencias y a invitarla con ternura a considerar que no pasa nada por no ser perfecta en algo, sobre todo cuando se está aprendiendo por primera vez.

Cuando era niño, como Tres, a mí me motivaba exactamente el impulso contrario. Yo recibía los comentarios para esforzarme más como una maravillosa invitación a procurar lo mejor para mí. Pero Elaina y yo nos hemos dado cuenta de que nuestra hija escucha esa invitación con frustración y es autocrítica porque busca complacernos a nosotros, sus padres. Esto lo cambia todo a la hora de animarla en nuevas actividades.

Los niños son increíblemente impresionables y vulnerables. El Eneagrama nos ha ayudado a Elaina y a mí a dar un paso atrás para tomar perspectiva, a observar el comportamiento de nuestra hija, a discernir sus posibles motivos y a alimentar sus emociones a medida que madura. Ahora tiene seis años, y nunca hemos hablado del Eneagrama con ella, ni hemos intentado asignarle un tipo. Sin embargo, vemos algunos patrones de comportamiento que presenta y sentimos curiosidad por varios tipos que manifiesta hasta ahora. El Eneagrama ha sido revelador para nuestra experiencia como padres.

El Eneagrama no aumentará tu margen de beneficios, pero puede ayudarte a aprender a dirigir una organización de forma más eficaz.[1]

Varias veces al año, el equipo pastoral ejecutivo de la iglesia Mars Hill Bible Church celebra un retiro para hablar sobre el liderazgo y la visión. Recientemente, comenzamos a utilizar el Eneagrama como una forma de explorar nuestros activos y pasivos personales en el liderazgo. Con demasiada frecuencia, nuestros sesgos de liderazgo se quedan sin diagnosticar y en el subconsciente. La trágica realidad es que estos sesgos pueden sernos desconocidos a nosotros, pero otras personas los ven y a menudo son más conscientes que nosotros de nuestros propios patrones de liderazgo. Con el tiempo, estas tendencias pueden afectar negativamente a la cultura de una organización.

En un retiro reciente, en la orilla del lago al oeste de Michigan (que recomiendo encarecidamente entre junio y septiembre), se pidió a cada uno de nuestros líderes ejecutivos que reflexionara sobre cómo se presentan nuestros eneatipos cuando lideramos desde un lugar en que estamos saludables y cómo se presentan nuestros eneatipos cuando no estamos saludables. La experiencia fue de vulnerabilidad y revelación a la vez, ya que aprendimos cómo cada uno de nosotros funciona de forma diferente y cómo podemos crear mejores reuniones, mantener conversaciones más transparentes y fomentar un mejor cuidado personal.

He aprendido que los Cinco del Eneagrama están en las reuniones de forma muy diferente a los Tres. La forma en que los Ocho del Eneagrama abordan el conflicto y su resolución es bastante diferente a la de los Nueve y los Dos. Cuando los líderes comprenden la dinámica de la diversidad dentro de su equipo, esto puede conducir a una mayor eficacia, una mayor eficiencia y una mejor cultura organizativa.

El Eneagrama no trae la salvación, pero puede suscitar conversaciones espirituales con personas que aún no conocen a Jesús.
Soy un gran fan de Alpha, una herramienta de evangelización desarrollada por una iglesia de Londres llamada Holy Trinity Brompton. Una de las principales razones por las que Alpha funciona es que su primera prioridad es tratar de identificarse con los escépticos. Cuando nos encontramos con las personas allí donde están y conectamos con lo que son, se crean vínculos porque las personas se sienten percibidas, escuchadas y queridas. Esto puede abrir de manera natural (y a veces sobrenatural) los corazones para profundizar más porque la gente se siente segura y protegida a nivel existencial.

Creo que el Eneagrama es algo así. En el capítulo sobre la evangelización, intenté explicar cómo el Eneagrama sirve de neutralizador en la conversación. Siempre me quedaré corto en mi insistencia en que el Eneagrama no es una herramienta de la Nueva Era, ni una herramienta cristiana ni de ninguna otra clase particular. Es una herramienta humana. Por lo tanto, puede crear una conversación compartida con cualquier persona. Trasciende la raza, la religión, el género, la clase, la sexualidad, la política y cualquier otro sistema que utilicemos para agrupar a las personas. Conozco a una Siete que es blanca, agnóstica, mujer, progresista y de clase media, y se identifica como LGTBQ. También conozco a un Siete que es negro, cristiano, varón, moderado y de clase alta, y que lleva treinta años casado con una mujer.

El Eneagrama es un gran neutralizador. Abre a las personas a la exploración relacional, al descubrimiento de uno mismo y a la amistad. Cuando empezamos a establecer los lazos, se construye entre las dos personas un puente que puede soportar la verdad del evangelio, es decir, la verdad de que en su vida, muerte y resurrección, el Hijo de Dios está haciendo nuevas todas las cosas y reconciliando los corazones con su Creador. También abre nuevas vías para que otros compartan lo que consideran más valioso para nosotros. Esto es saludable en cualquier amistad. Desde luego, es preferible a que te griten versículos con un megáfono. Aunque el Eneagrama como tal está muy lejos del evangelio, es un punto de entrada para comenzar nuevas conversaciones e investigar juntos. Esto es algo hermoso que el Espíritu Santo puede utilizar para, con el paso del tiempo, llevarnos hacia una increíble renovación.

Hay muchas cosas que el Eneagrama no puede hacer. Su poder es limitado. Sin embargo, como medio para la reflexión, la práctica espiritual, el matrimonio, el liderazgo y la evangelización, es una herramienta muy valiosa. No te dejes engañar por ninguno de los dos extremos: de sustituto de la fe o de herramienta maligna que hay que rechazar. Siempre es, en el mejor de los casos, un medio para fines mayores, una pequeña luz que nos ayuda a dirigir nuestros pasos fuera de la oscuridad, donde podemos volver a ser restaurados a la plenitud de la Luz verdadera, Jesús de Nazaret.

El fruto del trabajo de uno siempre está ligado al amor y al impacto de los demás. Sería un descuido por mi parte no dar las gracias de todo corazón a los que —sabiéndolo o no— han guiado este proyecto hasta su finalización.

Doy gracias a los que me han formado en mi conocimiento del Eneagrama. Sobre todo, gracias a Richard Rohr por dar inicio a este viaje en mí. Gracias también a Suzanne Stabile y a Ian Morgan Cron por el taller de aprendizaje continuo que pusieron a nuestra disposición hace años. Al director de mi tesis doctoral, Keith Matthews, que guio mi proyecto inicial del Eneagrama en 2016, le ofrezco mi más sincero agradecimiento, así como a mi amigo Mark Scandrette, cuyo ejemplo me inspiró a atreverme a enseñar el Eneagrama con el propósito de discipular.

Gracias a mi familia espiritual, la Mars Hill Bible Church, por ser un pueblo de Jesús concentrado en bendecir al mundo. Estoy agradecido por tener a mi alrededor tantas voces que proclaman la grandeza del Padre, del Hijo y del Espíritu Santo.

Gracias a Katelyn Beaty por brindarme esta oportunidad, y a Jonathan Merritt por guiarme en el camino.

Por último, gracias a mi esposa, Elaina, y a mi hija, Eloise. Ustedes me inspiran, me animan y me enseñan mucho. ¡Cuánto amor podemos compartir juntos! Para mí, la vida con ustedes ha redefinido el significado de la palabra florecer.

Agradecimientos

Orígenes

Muchos cristianos desconfían (a veces de forma comprensible) de los orígenes del Eneagrama y de si puede ser una guía fiable para un auténtico discipulado a la manera de Jesús. Algunos creen que tiene su origen en el misticismo sufí, mientras que otros afirman que los padres del desierto del cristianismo primitivo fueron los primeros en proponer una teoría de la condición humana, que evolucionó hasta lo que ahora tenemos en el Eneagrama. Otros afirman que procede de culturas aún más antiguas. Aunque el origen del Eneagrama sigue siendo un tanto misterioso, los pasos que llevaron a su resurgimiento en el siglo veinte están claros.

El maestro espiritual armenio George Ivanovich Gurdjieff trajo el contenido del Eneagrama a Occidente, tras haber aprendido versiones del mismo tanto de los cristianos ortodoxos orientales como de los sufíes.[1] Tiempo después, Óscar Ichazo, fundador de la Escuela de Arica, aprendió varias formas del Eneagrama y las combinó, según se cree, para dar lugar a la forma que se suele utilizar en la actualidad. Sobre el Eneagrama moderno y sus orígenes, Riso y Hudson dicen:

> ... parece ser el resultado de la brillante síntesis que Ichazo hizo de una serie de sistemas de pensamiento relacionados sobre la naturaleza y la estructura de la

conciencia humana, reunidos en el enigmático símbolo del Eneagrama. La mejor manera de describirla es como una teoría contemporánea y evolutiva de la naturaleza humana basada en varias tradiciones y fuentes de épocas inmemoriales. Al mismo tiempo, está bastante claro que no existe un cuerpo único de conocimientos, no hay ninguna «tradición oral» continuada del Eneagrama transmitida desde la antigüedad. Más bien, hay muchas tradiciones e innovaciones, tanto modernas como antiguas, que han contribuido a la creación de este destacado sistema.[2]

Con el tiempo, Ichazo cruzó su camino con Claudio Naranjo, un psiquiatra de origen chileno, y juntos llevaron el Eneagrama a Berkeley, California, donde Naranjo lo empleó en su consulta. Después se extendió en varios talleres del Eneagrama, donde, «a principios de los años setenta, varios sacerdotes jesuitas estadounidenses —sobre todo el reverendo Robert Ochs— aprendieron del material de Claudio Naranjo. Ochs lo enseñó a otros jesuitas en la Universidad de Loyola, en Chicago, y desde allí se extendió rápidamente».[3]

Oposición

La oposición al Eneagrama es muy frecuente, especialmente entre los cristianos, debido a sus orígenes dudosos, su controvertida psicología y su aplicación universal. Un ejemplo significativo se produjo en 2004, cuando el Comité de Doctrina de la Conferencia Episcopal de Estados Unidos publicó un informe en el que se cuestionaba la credibilidad de la herramienta como instrumento viable de la psicología científica. El informe concluye: «Un examen de los orígenes de la enseñanza del Eneagrama revela que no tiene credibilidad como instrumento de psicología científica y que las ideas filosóficas y religiosas de sus creadores no concuerdan con elementos básicos de la fe cristiana en varios puntos. En consecuencia, el intento de adaptar el Eneagrama al cristianismo como herramienta para el desarrollo espiritual personal resulta poco prometedor para proporcionar un beneficio sustancial a la comunidad cristiana».[4]

En un artículo de 2012 en el *Catholic World Report*, la reportera Anna Abbott afirmó que la teoría «fomenta un malsano enfoque en uno mismo».[5] Desde luego, como ocurre con cualquier teoría de la personalidad, puede ser así en algunos casos, pero no es necesario desprestigiar todas esas teorías solo porque sus estudiantes o defensores abusen de ella. Si ese fuera el caso, habría que descartar todas las teorías de la personalidad. En realidad, el Eneagrama está diseñado para aumentar la consciencia de uno mismo hacia la transformación, no hacia el ensimismamiento. En el mismo artículo, Abbott también sugiere que el Eneagrama fomenta una relativización del pecado, de modo que la persona culpa a su tipo en lugar de asumir su responsabilidad. Pero este argumento no tiene en cuenta la complicidad de cada persona al caer en los comportamientos por defecto de su tipo. Suzanne Zuercher, monja benedictina, dice que, lejos de relativizar el pecado, el Eneagrama «afirma de muchas maneras que nuestra mayor pecaminosidad viene de nuestro deseo de redimirnos a nosotros mismos».[6] La responsabilidad del pecado recae, pues, directamente sobre los hombros de cada persona, cuyo tipo no sirve de excusa para el vicio, sino de recurso para perseguir la virtud y buscar la transformación.

Mark Scandrette, profesor del Seminario Teológico Fuller y autor de varios libros, afirma que, aunque ha sido validado científicamente, el Eneagrama no necesita validación porque «se verifica a sí mismo a través de la experiencia». Él cree que solo debe considerarse como una herramienta de transformación personal, y que hay que evitar utilizarla maliciosamente para «reducir a los otros».[7] Gran parte de las críticas cristianas a la teoría en los últimos años se deben, según Scandrette, a su aceptación entre las comunidades de la Nueva Era.

Otra objeción común al Eneagrama para la formación cristiana es que «da lugar a una mentalidad determinista que está en desacuerdo con la libertad cristiana».[8] Todo lo contrario, el Eneagrama ayuda a identificar las áreas de debilidad, lo cual ayuda al cristiano a conocerse mejor y así dirigirse a una mayor transformación conforme a la imagen de Cristo mediante la guía del Espíritu en las prácticas espirituales y en la comunidad. Es particularmente útil para el cristiano porque ayuda a poner al descubierto la fractura personal, el pecado y la vergüenza, lo que puede aportar la lucidez necesaria para la transformación. Sandra Maitri escribe: «La función más profunda del Eneagrama es señalar el camino hacia lo que somos más allá del nivel de la personalidad, una dimensión de nosotros mismos que es infinitamente más profunda, más interesante, más gratificante y más real».[9] Pensadores como Maitri y Scandrette ven el Eneagrama con la lente del *telos* transformador más que como un fin en sí mismo.

Otros protestan contra el Eneagrama por considerarlo una nueva forma de gnosticismo, señalando textos bíblicos como Deuteronomio 18.9–13 y las «costumbres abominables» que allí se enumeran. Afirman que el Eneagrama oculta una forma de contacto secreto con la energía divina y de relación con Dios que sustituye la necesidad de la fe en la muerte y resurrección de Jesús.[10] El padre William Meninger, del monasterio de san Benito en Snowmass, Colorado, dirige retiros sobre el Eneagrama y la oración centrada. Esta es su respuesta: «El Eneagrama enseña a conocerse a uno mismo [...]. El conocimiento de uno mismo es la virtud de la humildad. La humildad es la virtud principal. Conocerse a uno mismo es importante para el viaje espiritual. El Eneagrama es solo una herramienta».[11] A diferencia del gnosticismo del primer y segundo siglos, no se hace ninguna promesa de salvación a los que entienden o emplean la teoría.[12] Más bien, uno utiliza el conocimiento de sí mismo para buscar a Dios (mediante las prácticas espirituales descritas en este libro). El Eneagrama es una herramienta útil para entender las motivaciones propias con mayor claridad y desde ahí avanzar hacia la transformación. Es una teoría de la personalidad. Y, si bien es cierto que algunos han tergiversado su contenido hasta convertirlo en una forma de religión, quienes ven el Eneagrama como un cómplice del gnosticismo deberían juzgar de la misma manera a otras teorías de la personalidad, como Myers-Briggs y Strengths Finder.

Por último, los contrarios al Eneagrama tienen que admitir que las primeras comunidades cristianas echaron mano, deliberadamente o no, de muchos temas centrales del Eneagrama. Riso y Hudson ratifican su historicidad cristiana: «Las nueve pasiones se basan en los siete pecados capitales, sumando dos pasiones que elevan el total a nueve [...]. La pasión del Uno es la ira, la del Dos es el orgullo, la del Cuatro es la envidia, la del Cinco es la avaricia, la del Siete es la gula, la del Ocho es la lujuria y la del Nueve es la pereza. Al tipo Tres le asignó la pasión del engaño, y al Seis, la del miedo».[13] Incluso al margen del decisivo conocimiento histórico de los orígenes del Eneagrama, gran parte de su contenido está claramente enraizado en la narrativa teológica cristiana.

Tríadas

Todos consumimos energía. Dejar de consumir energía es dejar de vivir. El Eneagrama, al conectar cada tipo con uno de los tres centros de energía primarios, nos muestra que tendemos a consumir la energía de una de tres maneras. Estas formas de consumir la energía también se conocen como «inteligencias» y, como cada grupo de centros de inteligencia incluye tres tipos del Eneagrama, estas agrupaciones se llaman «tríadas».

Los tipos Ocho, Nueve y Uno consumen por defecto en primer lugar energía instintiva. Esto se llama inteligencia visceral (IV). Los tipos Dos, Tres y Cuatro consumen primero energía

Figura 7

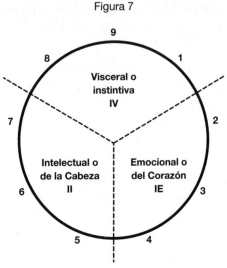

emocional. Esto se llama «inteligencia emocional» (IE) y la simboliza el corazón. Los tipos Cinco, Seis y Siete consumen por defecto en primer lugar la energía del intelecto. Esto se llama «inteligencia intelectual» (II) y la simboliza la cabeza. El objetivo de los centros de energía es fijarse en qué impulsa tus decisiones y cómo las tomas. Una vez que identifiques tu centro de energía primario, puedes tratar de integrar los otros centros de energía para tomar decisiones más sabias (y saludables) en la vida.

Para los Ocho, los Nueve y los Uno, pertenecer a la tríada de la IV implica facilidad para interpretar el ambiente de una sala, confiar en las impresiones iniciales y formarse opiniones rápidas. Pueden tener la tentación de desestimar a los de la tríada de la II como ineficaces y a los de la tríada de la IE por preocuparse demasiado por las opiniones de los demás. Los Dos, los Tres y los Cuatro, que se encuentran en la tríada de la IE, están orientados a los sentimientos y buscan la armonía relacional. Tienen la tentación de desestimar a los de la tríada de la IV por ser críticos y a los de la tríada de la II por insensibles. Los Cinco, los Seis y los Siete se encuentran por defecto en la tríada de la II. Emplean un razonamiento sólido y sistemas racionales en muchas facetas de la vida. Tener más conocimiento, percepción y planificación los ayuda a sentirse seguros en la vida. Esta tríada tiene la tentación de juzgar a los tipos de la IV por verlos demasiado eficientes y a los tipos de la IE por dramáticos. Independientemente de la tríada a la que uno tienda por defecto, se nos invita a rodearnos de otras personas que puedan equilibrar nuestra inteligencia y también a integrar las otras inteligencias en nuestro propio proceso de toma de decisiones.

Como ejemplo de Tres, soy una persona emocional. Los sentimientos me importan mucho, y si hay un conflicto en mi vida procuro la reconciliación cuanto antes. A menudo, esto se debe a mi deseo de gustarle a la gente. Mi esposa, Elaina, me recuerda a menudo lo dramático que tiendo a ser. Suele tener razón. Ella es un ejemplo de Cinco, y me parece bastante racional y cerebral. Lejos de ser un problema, nuestras diferencias hacen de nuestro matrimonio una maravilla debido a nuestras formas distintas de procesar la vida. El Eneagrama nos ha ayudado a poder notar los patrones por defecto del otro. Suelo tomar las decisiones más sabias (en casa, en el trabajo o en cualquier otro ámbito) cuando noto que mi comprensión no la guían solo mis emociones y puedo integrar los otros centros de energía (intelectual y visceral o instintivo) para tener una perspectiva más completa. Cuando solo escucho mis emociones como fuente de lo que es verdadero en la vida, tomo decisiones imprudentes. Dado que las emociones son solo una de las fuentes de inteligencia, debo ser disciplinado para integrar todos los centros de inteligencia (e invitar a otros, que sean diferentes a mí, a participar en el proceso), para no tomar malas decisiones. En el mundo del liderazgo, este es un caso ejemplar para explicar por qué es buena la pluralidad de líderes. En el ámbito del matrimonio, esta es la razón por la que el sometimiento mutuo es esencial para tener una pareja próspera.

Para un análisis más profundo de las tríadas y su funcionamiento, ver *Spiritual Rhythms for the Enneagram: A Handbook for Harmony and Transformation*, de Adele y Doug Calhoun y Clare y Scott Loughrige.

Alas

El Eneagrama se conoce comúnmente como las nueve caras del alma. Pero para algunos (en particular para los Seis, que rara vez encuentran autoridades dignas de confianza) el Eneagrama parece algo restringido, manipulador y limitado. Al fin y al cabo, si todos los seres humanos son solo de uno de los nueve tipos, ¿por qué no son todos los Tres (o los Siete, o los Cinco) exactamente iguales?

Aquí es donde las alas pueden desempeñar un papel fundamental. Riso y Hudson escriben: «La mayoría de las personas son una mezcla única de su tipo básico y uno de los dos tipos adyacentes en la circunferencia del Eneagrama. A cada uno de los dos tipos adyacentes a tu tipo básico se le llama tu "ala"».[14] Además, Helen Palmer afirma: «No hay dos personas del mismo tipo que sean idénticas, aunque compartan las mismas preocupaciones e inquietudes».[15] Precisamente por esto es imperativo tratar la formación espiritual como una empresa diversificada que requiere muchas aplicaciones, en lugar de como un enfoque general del discipulado en el que personas únicas reciben disciplinas limitadas para la formación. Incluso aquellos que comparten el mismo tipo experimentarán variaciones en su personalidad que los llevarán a inclinarse hacia una u otra dirección.

Las alas también pueden ser útiles cuando se intenta identificar el tipo porque proporcionan una imagen más matizada de las tendencias de una persona y, por tanto, ofrecen información adicional para apoyar el proceso de identificación. Riso y Hudson proponen las siguientes etiquetas para cada una de las combinaciones de tipo y ala:

1a2	El Defensor
1a9	El Idealista
2a1	El Siervo
2a3	El Huésped/El Anfitrión
3a2	La Estrella
3a4	El Profesional
4a3	El Aristócrata
4a5	El Bohemio
5a4	El Iconoclasta
5a6	El Solucionador de problemas
6a5	El Defensivo
6a7	El Colega
7a6	El Animador
7a8	El Realista
8a7	El Inconformista
8a9	El Oso
9a1	El Soñador
9a8	El Buscador de consuelo

Como en el tictac de un reloj, algunos tipos se inclinan más hacia su ala que otros. Esta es una forma de tener en cuenta las variaciones de la personalidad dentro de cada tipo. La figura 8 muestra un tipo Cinco con un ala Seis, identificado como tal por la tendencia de la persona a vivir con expectativas de miedo. Inclinaciones como esta pueden dar información valiosa en la evaluación del tipo, sobre todo porque algunos tipos tienen mucho

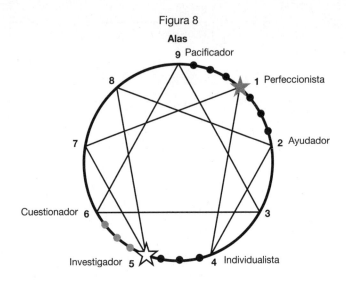

Figura 8

Alas

9 Pacificador

8

1 Perfeccionista

7

2 Ayudador

Cuestionador 6

3

Investigador 5

4 Individualista

en común. Por ejemplo, puede ser difícil discernir entre los Tres y los Ocho, los Ocho y los Seis (contrarios), los Uno y los Cinco, y los Nueve y los Dos. Si la persona representada en la figura 8 está dividida entre los tipos Uno y Cinco, entender primero su ala puede ser clave para discernir su personalidad central. Riso y Hudson sostienen: «El ala es la "segunda cara" de tu personalidad general, y debes tenerla en cuenta para entenderte a ti mismo o a otra persona».[17] Además, una persona puede descubrir que, en determinadas circunstancias, los temas presentados por su ala serán más significativos que los de su tipo.[18] En otros casos, sin embargo, la influencia del ala será escasa. Las alas contribuyen, en distintos grados, a la singularidad del tipo de personalidad.

Una de las preguntas más frecuentes sobre las alas tiene que ver con si una persona puede experimentar una variación de un lado de su tipo al otro, pasando de un ala a otra. Por ejemplo, utilizando la figura 8 para ilustrarlo, ya que el tipo de personalidad principal tiende a no cambiar, ¿es posible pasar de ser 5a6 a ser 5a4? Rohr intenta responder a esta pregunta a través de una lente que él llama la primera y la segunda mitad de la vida.[19]

Sugiere que durante la primera mitad de la vida, la persona se inclina hacia un ala, mientras que en la segunda mitad tiende hacia la otra. Estas mitades no se designan cronológicamente por años, sino por madurez. Por lo tanto, uno puede pasar, y a veces pasa, de un ala a otra en un momento determinado de la vida, pero sin cambiar de tipo.[20] También hay que tener en cuenta que ambas alas pueden influir en el tipo de una persona, pero en un momento dado cada uno de nosotros tenderá a ser más dominante en un ala que en la otra, dependiendo de la mitad de la vida en la que nos encontremos.[21]

Para un análisis más profundo de las alas, véase la obra fundamental de Riso y Hudson, *Tipos de personalidad: el enea-grama como método de autodescubrimiento*; de Richard Rohr y Andreas Ebert, *The Enneagram: A Christian Perspective*; y de Beatrice Chestnut, *The Complete Enneagram: Twenty-Seven Paths to Greater Self-Knowledge*.

Prácticas

Históricamente, la Shemá de Deuteronomio 6.4 es el texto más central de la Biblia. Está en el Antiguo Testamento, pero se cita repetidamente en el Nuevo cuando Jesús corrobora su afirmación sobre a quién y cómo debemos amar (Mt 22.37–40; Mr 12.29–31; Lc 10.27). La Shemá es un llamado a amar a Dios de forma integral (con la mente, el corazón, el alma y las fuerzas) y a amar al prójimo como a uno mismo. Por tanto, la espiritualidad cristiana es un llamado a la formación integral. Aquí es donde entran en juego las prácticas espirituales.

Las prácticas (o disciplinas) nos ayudan a crecer en áreas descuidadas de nuestra vida que siguen estando inmaduras y subdesarrolladas. Mirando con la lente de las tríadas (II, IE, IV), podemos ver cómo nuestra fe está diseñada para dar forma a cada área de inteligencia de nuestras vidas (cabeza, corazón, vísceras). La lista de prácticas históricas que presentamos a continuación no es ni mucho menos exhaustiva, pero puede ser un punto de partida útil. Cada una de estas prácticas tiene tras de sí una larga historia de uso en la fe cristiana.

Cabeza—Intelectual (II)
Liturgia
Oración en horas establecidas
Estudio de la Biblia
Memorización de las Escrituras
Museos
Estudio de libro
Diario

Corazón—Emocional (IE)
Oración centrada
Examen
Lectio divina
Confesión
Rendición de cuentas
Sabbat
Sanación interior

Visceral-Instintiva (IV)
Paseo por la naturaleza
Compromiso de servicio/misión
Paseo de oración
Laberinto
Ayuno y celebración
Hospitalidad
Silencio
Mentoría

Si quieres tener más guía en el ámbito de las prácticas, puedes ver de Adele Ahlberg Calhoun, *Spiritual Disciplines Handbook: Practices That Transform Us*; de Richard Foster, *Celebration of Discipline: The Path to Spiritual Growth*; de AJ Sherrill, *Expansive: Stretching beyond Superficial Christianity*; y de Dallas Willard, *El espíritu de las disciplinas: ¿Cómo transforma Dios la vida?*

Virtudes

Cada tipo del Eneagrama se centra en una virtud central y un vicio correspondiente.

	Virtud	Vicio
Tipo 1	Serenidad	Ira
Tipo 2	Humildad	Orgullo
Tipo 3	Veracidad	Engaño
Tipo 4	Equilibrio emocional	Envidia
Tipo 5	Desapego	Codicia
Tipo 6	Valentía	Miedo
Tipo 7	Sobriedad	Gula
Tipo 8	Inocencia	Lujuria
Tipo 9	Acción	Apatía

Esto no quiere decir que cada tipo tenga solo un vicio o que la única que se debe buscar sea la virtud principal. Más bien se trata de ayudar a identificar áreas donde existen por naturaleza predeterminaciones y tendencias, y comenzar a poner nombre en particular a la clase de personas que queremos ser con el propósito de imitar a Cristo.

A continuación presentamos una lista de virtudes que se han transmitido a lo largo de los siglos. No son exhaustivas ni mucho menos, pero nos dan la visión inicial para comenzar la labor de poner nombre a las áreas de crecimiento una vez que tengas seguro tu tipo del Eneagrama. He comprobado que lo más útil es plantearse las prácticas que pueden ayudar a cultivar la virtud deseada. Por ejemplo, en mi calidad de Tres, tengo luchas por hacer más que ser, es decir, me resulta fácil *hacer* (escribir, estudiar, leer, revisar el correo electrónico, etc.) y me cuesta *ser* (estar quieto, callado, en contemplación, escuchar). Para cultivar la virtud de la paciencia, decido comenzar el día con una oración de concentración.

Ya que hemos descubierto que tienes todos los tipos, siéntete libre de recorrer las distintas virtudes e identificar cuáles son las que Dios te llama a cultivar más profundamente en esta temporada. Ten en cuenta que esto cambiará de una temporada a otra a medida que vayas creciendo.

Virtudes paulinas: amor, alegría, paz, paciencia, amabilidad, bondad, fidelidad, humildad y dominio propio

Virtudes cardinales: prudencia, fortaleza, templanza, justicia

Virtudes benedictinas: estabilidad, hospitalidad, administración responsable

Virtudes monásticas: pobreza, pureza, obediencia

Virtudes agustinas: fe, esperanza, caridad

Prólogo

1. Etty Hillesum, *Etty: The Letters and Diaries of Etty Hillesum, 1941-1943* (Grand Rapids: Eerdmans, 2002), p. 91.

Introducción

1. Don Richard Riso con Russ Hudson, *Tipos de personalidad: el eneagrama como método de autodescubrimiento* (Santiago de Chile: Cuatro Vientos, 1993), loc. 376 de 9385 de la edición en inglés, Kindle.

2. Richard Rohr y Andreas Ebert, *The Enneagram: A Christian Perspective* (Nueva York: Crossroad, 2001), p. xi.

Capítulo 1: Identidad

1. Henri J. M. Nouwen, «Being the Beloved» (sermón, 1993, https://youtu.be/v8U4V4aaNWk).

2. Philip D. Yancey, *What's So Amazing about Grace?* (Grand Rapids: Zondervan, 1997).

3. Henri J. M. Nouwen, *Home Tonight: Further Reflections on the Parable of the Prodigal Son* (Nueva York: Doubleday, 2009), loc. 702 de 1977, Kindle.

4. Tony Merida, *Exalting Jesus in Ephesians*, Christ-Centered Exposition Commentary (Nashville: B&H, 2014), loc. 874 de 4549, Kindle.

5. Karl Barth, *Epistle to the Ephesians*, trad. Ross Wright, ed. R. David Nelson (Grand Rapids: Baker Academic, 2017), p. 89.

6. M. Robert Mulholland, *The Deeper Journey: The Spirituality of Discovering Your True Self* (Downers Grove, IL: IVP Books, 2016), p. 23.

Capítulo 2: Personalidad

1. Karl Barth, *Epistle to the Ephesians*, trad. ingl. Ross Wright, ed. R. David Nelson (Grand Rapids: Baker Academic, 2017), p. 89.

notas

2. Helen Palmer, *El eneagrama: comprendiéndose a sí mismo y a aquellos que le rodean* (Miami, FL: HarperCollins, 1994), p. 94 de la edición en inglés.

3. Ibíd.

4. Ibíd., pp. 72-73 de la edición en inglés.

5. Ibíd., p. 73 de la edición en inglés.

6. Richard Rohr y Andreas Ebert, *The Enneagram: A Christian Perspective* (Nueva York: Crossroad, 2001), p. 49.

7. Suzanne Stabile, «Know Your Number» (conferencia de clase, Christ Church Greenwich, Greenwich, CT, 21 marzo 2015).

8. Stabile, «Know Your Number».

9. Don Richard Riso, *Descubre tu perfil de personalidad en el eneagrama* (Bilbao: Desclée de Brouwer, 1997), p. 66 de la edición en inglés.

10. Palmer, *El eneagrama*, p. 101 de la edición en inglés.

11. Ibíd., p. 105 de la edición en inglés.

12. Rohr y Ebert, *Enneagram*, p. 63.

13. Ibíd., p. 63.

14. Palmer, *El eneagrama*, p. 102 de la edición en inglés.

15. Ibíd., p. 154 de la edición en inglés.

16. Riso, *Descubre tu perfil de personalidad*, p. 67.

17. Rohr y Ebert, *Enneagram*, p. 81.

18. Palmer, *El eneagrama*, p. 135 de la edición en inglés.

19. Rohr y Ebert, *Enneagram*, p. 82.

20. Ibíd., p. 89.

21. Palmer, *El eneagrama*, p. 136 de la edición en inglés.

22. Stabile, «Know Your Number».

23. Riso, *Descubre tu perfil de personalidad*, p. 69 de la edición en inglés.

24. Stabile, «Know Your Number».

25. Don Richard Riso con Russ Hudson, *Tipos de personalidad: el eneagrama como método de autodescubrimiento* (Santiago de Chile: Cuatro Vientos, 1993), loc. 2529-31 de 9385 de la edición en inglés, Kindle.

26. Stabile, «Know Your Number».

27. Palmer, *El eneagrama*, p. 168 de la edición en inglés.

28. Ibíd., p. 169 de la edición en inglés.

29. Ibíd., p. 170 de la edición en inglés.

30. Stabile, «Know Your Number».

31. Riso, *Descubre tu perfil de personalidad*, p. 69 de la edición en inglés.

32. Rohr y Ebert, *Enneagram*, p. 98.

33. Stabile, «Know Your Number».

34. Rohr y Ebert, *Enneagram*, p. 98.

35. Ibíd., p. 99.

36. Riso, *Descubre tu perfil de personalidad*, p. 70 de la edición en inglés.

37. Palmer, *El eneagrama*, p. 233 de la edición en inglés.

38. Rohr y Ebert, *Enneagram*, p. 115.

39. Stabile, «Know Your Number».

40. Rohr y Ebert, *Enneagram*, p. 115.

41. Riso, *Descubre tu perfil de personalidad*, p. 71 de la edición en inglés.

42. Stabile, «Know Your Number».

43. Riso, *Descubre tu perfil de personalidad*, p. 71 de la edición en inglés.

44. Palmer, *El eneagrama*, p. 205 de la edición en inglés.

45. Ibíd., p. 237 de la edición en inglés.

46. Stabile, «Know Your Number».

47. Don Richard Riso y Russ Hudson, *Comprendiendo el eneagrama: guía práctica de los tipos de personalidad* (Madrid: Palmyra, 2011), loc. 4898 de 5577, de la edición en inglés, Kindle.

48. Palmer, *El eneagrama*, p. 238 de la edición en inglés.

49. Ibíd., p. 257 de la edición en inglés.

50. Ibíd., p. 260 de la edición en inglés.

51. Ibíd., p. 240 de la edición en inglés.

52. Rohr y Ebert, *Enneagram*, p. 137.

53. Ibíd., p. 131.

54. Stabile, «Know Your Number».

55. Rohr y Ebert, *Enneagram*, p. 146.

56. Riso y Hudson, *Comprendiendo el eneagrama*, loc. 4927 de 5577 de la edición en inglés, Kindle.

57. Rohr y Ebert, *Enneagram*, p. 147.

58. Stabile, «Know Your Number».

59. Rohr y Ebert, *Enneagram*, p. 148.

60. Stabile, «Know Your Number».

61. Rohr y Ebert, *Enneagram*, p. 163.

62. Stabile, «Know Your Number».

63. Rohr y Ebert, *Enneagram*, p. 163.

64. Ibíd.

65. Stabile, «Know Your Number».

66. Ibíd.

67. Palmer, *El eneagrama*, p. 345 de la edición en inglés.

68. Rohr y Ebert, *Enneagram*, p. 178.

69. Palmer, *El eneagrama*, p. 348 de la edición en inglés.

70. Rohr y Ebert, *Enneagram*, p. 181.

71. Palmer, *El eneagrama*, p. 348 de la edición en inglés.

72. Stabile, «Know Your Number».

73. Ibíd.

74. Recomiendo el Indicador de Tipo del Eneagrama Riso-Hudson (RHETI, por sus siglas en inglés), disponible en el Instituto del Eneagrama, https://www.enneagraminstitute.com/rheti.

Capítulo 3: Discipulado

1. Don Richard Riso y Russ Hudson, *La sabiduría del eneagrama* (Barcelona, Urano, 2017), pp. 356-57.

2. Sandra Maitri, *La dimensión espiritual del eneagrama: los nueve rostros del alma* (Barcelona, La Liebre de Marzo, 2010), loc. 4753 de 5616 de la edición en inglés, Kindle.

3. David Brooks, *El camino al carácter* (Alcobendas, Madrid: Nagrela Editores, 2017), pp. 263-64 de la edición en inglés.

4. Don Richard Riso, *Cambia con el eneagrama: máximas y consejos para mejorar tu personalidad* (Bilbao: Mensajero, 2008), p. 24 de la edición en inglés.

5. Riso y Hudson, *La sabiduría del eneagrama*, p. 372.

6. Anthony M. Coniaris, *Philokalia: The Bible of Orthodox Spirituality* (Minneapolis: Light and Life, 1998), loc. 1098-99 de 9553, Kindle.

7. Adele A. Calhoun, *Spiritual Disciplines Handbook: Practices That Transform Us* (Downers Grove, IL: InterVarsity, 2005), loc. 224 de 261, Kindle.

Capítulo 4: Escrituras

1. Bill Woodrow, *Listening to History*, http://www.billwoodrow.com/dev/results.php?work_id=1987.

2. Ben Irwin, «Biblical Literacy Begins with Reading», Q: Ideas for the Common Good, consultado 8 noviembre 2019, http://208.106.253.109/blog/biblical-literacy-begins-with-reading.aspx.

3. La obra de Carl Jung es especialmente útil en este caso.

4. Diane Tolomeo, Pearl Gervais y Remi J. De Roo, *Biblical Characters and the Enneagram: Images of Transformation* (Victoria, BC: Newport Bay, 2002), p. 20.

5. Ibíd., p. 71.

6. Ibíd., p. 74.

7. Ibíd., p. 95.

8. Ibíd., p. 83.

9. Ibíd.

10. John Barclay, *Paul and the Gift* (Grand Rapids: Eerdmans, 2015).

11. Tolomeo, Gervais, De Roo, *Biblical Characters and the Enneagram*, p. 173.

12. A. H. Almaas, *Facetas de la unidad: el eneagrama de las ideas santas* (Barcelona: La Liebre de Marzo, 2002), p. 197 de la edición en inglés.

13. Riso y Hudson, *La sabiduría del eneagrama*, p. 191 de la edición en inglés.

14. Tolomeo, Gervais, De Roo, *Biblical Characters and the Enneagram*, p. 201.

15. Ibíd., p. 205.

16. Ibíd., p. 220.

17. Ibíd., p. 223.

18. Ibíd., p. 135.

19. Ibíd., p. 241.

20. Kathleen V. Hurley y Theodorre Donson, *Discover Your Soul Potential: Using the Enneagram to Awaken Spiritual Vitality* (Lakewood, CO: WindWalker, 2000), p. 75.

21. Tolomeo, Gervais, De Roo, *Biblical Characters and the Enneagram*, p. 96.

22. Ibíd., p. 99.

23. Ibíd., p. 96.

24. Ibíd., p. 127.

25. Ibíd., p. 130.

26. Ibíd., p. 134.

27. Ibíd., p. 138.

28. Ibíd., p. 154.

29. Ibíd., p. 164.

30. Riso y Hudson, *La sabiduría del eneagrama*, p. 74 del original en inglés.

31. Tolomeo, Gervais, De Roo, *Biblical Characters and the Enneagram*, p. 171.

32. Ibíd., p. 244.

33. Robert Alter, *Genesis: Translation and Commentary* (Nueva York: Norton, 1996), p. 53.

34. Tolomeo, Gervais, De Roo, *Biblical Characters and the Enneagram*, p. 253.

Capítulo 5: Evangelización

1. A. H. Almaas, *Facetas de la unidad: el eneagrama de las ideas santas* (Barcelona: La Liebre de Marzo, 2002), pp. 44-45 de la edición en inglés.

2. Sandra Maitri, *The Enneagram of Passions and Virtues: Finding the Way Home* (Nueva York: Penguin, 2005), loc. 30 de 4722, Kindle.

3. Ibíd.

4. El curso Alpha (https://alphausa.org/espanol) es un maravilloso ejemplo de evangelismo posmoderno eficaz.

5. Frank Viola, *Insurgence: Reclaiming the Gospel of the Kingdom* (Grand Rapids: Baker Books, 2018).

6. Derek Webb, «Crooked Deep Down», *She Must and Shall Go Free*, INO Records, 2003.

7. Propaganda, «Crooked Ways», *Crooked*, Fair Trade Services, 2017.

8. Sandee LaMotte, «Bugs, Rodent Hair and Poop: How Much Is Legally Allowed in the Food You Eat Every Day?», CNN, 4 octubre 2019, https://www.cnn.com/2019/10/04/health/insect-rodent-filth-in-food-wellness/index.html.

Capítulo 6: Carácter

1. N. T. Wright, «Why Christian Character Matters», en *All Things Hold Together in Christ: A Conversation on Faith, Science, and Virtue*, ed. James K. A. Smith y Michael Gulker. James K. A. Smith y Michael Gulker (Grand Rapids: Baker Academic, 2018), p. 158.

2. Dallas Willard, *La gran omisión: recuperando las enseñanzas esenciales de Jesús en el discipulado* (Nashville, TN: HarperCollins Español, 2015), p. 80 de la edición en español.

3. Wright, «Why Christian Character Matters», p. 157.

4. N. T. Wright, *Después de creer: la formación del carácter cristiano* (Boadilla del Monte, Madrid: PPC, 2012), p. 18 de la edición en inglés.

Conclusión

1. Para obtener información sobre el liderazgo, véase Beatrice Chestnut, *The 9 Types of Leadership: Mastering the Art of People in the Twenty-First Century Workplace* (Nueva York: Post Hill, 2017).

Apéndice

1. Don Richard Riso con Russ Hudson, *Tipos de personalidad: el eneagrama como método de autodescubrimiento* (Santiago de Chile: Cuatro Vientos, 1993), loc. 411-12 de 9385 de la edición en inglés, Kindle.

2. Íbíd., loc. 474-79 de 9385 de la edición en inglés, Kindle.

3. Ibíd., loc. 511-15 de 9385 de la edición en inglés, Kindle.

4. «A Brief Report on the Origins of the Enneagram», US Bishops' Secretariat for Doctrine and Pastoral Practices, *National Catholic Reporter*, 19 octubre 2000, actualizado 23 octubre 2001, http://natcath.org/NCR _Online/documents/ennea2.htm.

5. Anna Abbott, «A Dangerous Practice», *Catholic World Report*, 31 enero 2012, https://www.catholicworldreport.com/2012/01/31/a-dangerous-practice.

6. Abbott, «Dangerous Practice».

7. Mark Scandrette, conversación con el autor, 5 agosto 2015.

8. Ibíd.

9. Sandra Maitri, *La dimensión espiritual del eneagrama: los nueve rostros del alma* (Barcelona, La Liebre de Marzo, 2010), loc. 3 de 5616 de la edición en inglés, Kindle.

10. Ibíd.

11. Ibíd., loc. 137 de 5616 de la edición en inglés, Kindle.

12. John Flader, «Enneagram Is Not Recommended», *Catholic Leader*, 27 mayo 2014, http://catholicleader.com.au/analysis/Enneagram-is-not-recommended.

13. Riso con Hudson, *Tipos de personalidad*, loc. 481-83 de 9385 de la edición en inglés, Kindle.

14. Ibíd., loc. 860-62 de 9385 de la edición en inglés, Kindle.

15. Helen Palmer, *El eneagrama*, p. 42 de la edición en inglés.

16. Riso con Hudson, *Tipos de personalidad*, loc. 876 de 9385 de la edición en inglés, Kindle.

17. Ibíd.

18. Don Richard Riso, *Cambia con el eneagrama: máximas y consejos para mejorar tu personalidad* (Bilbao: Mensajero, 2008), p. 37 de la edición en inglés.

19. Ver Richard Rohr, *Falling Upward: A Spirituality for the Two Halves of Life* (San Francisco: Jossey Bass, 2013).

20. Richard Rohr, «The Wisdom Way: Scripture, Tradition and Experience» (conferencia, Fuller Theological Seminary, Albuquerque, NM, 25 abril–5 mayo 2013).

21. Riso con Hudson, *Tipos de personalidad*, loc. 869 de 9385 de la edición en inglés, Kindle.

Almaas, A. H. *Facetas de la unidad: el eneagrama de las ideas santas*. Barcelona: La Liebre de Marzo, 2002.

Alter, Robert. *Genesis: Translation and Commentary*. Nueva York: Norton, 1996.

Barclay, John M. G. *Paul and the Gift*. Grand Rapids: Eerdmans, 2017.

Barth, Karl. *Epistle to the Ephesians*. Traducido al inglés por Ross Wright. Editado por R. David Nelson. Grand Rapids: Baker Academic, 2017.

Brooks, David. *El camino al carácter. Alcobendas*. Madrid: Nagrela Editores, 2017.

Calhoun, Adele Ahlberg. *Spiritual Disciplines Handbook: Practices That Transform Us*. Downers Grove, IL: InterVarsity, 2005.

Calhoun, Adele, Doug Calhoun, Clare Loughrige y Scott Loughrige. *Spiritual Rhythms for the Enneagram: A Handbook for Harmony and Transformation*. Downers Grove, IL: InterVarsity, 2019.

Chestnut, Beatrice. *The Complete Enneagram: Twenty-Seven Paths to Greater Self-Knowledge*. Berkeley: She Writes Press, 2013.

Coniaris, Anthony M., trad. *Philokalia: The Bible of Orthodox Spirituality*. Lakeland, FL: Light & Life, 1998.

Foster, Richard. *Celebration of Discipline: The Path to Spiritual Growth*. Edición especial de aniversario. Nueva York: HarperOne, 2018.

Hurley, Kathleen V., y Theodorre Donson. *Discover Your Soul Potential: Using the Enneagram to Awaken Spiritual Vitality*. Lakewood, CO: WindWalker, 2000.

bibliografía

Maitri, Sandra. *The Enneagram of Passions and Virtues: Finding the Way Home*. Nueva York: Tarcher / Penguin, 2005.

—————. *La dimensión espiritual del eneagrama: los nueve rostros del alma*. Barcelona, La Liebre de Marzo, 2010.

Merida, Tony, David Platt y Daniel L. Akin. *Exalting Jesus in Ephesians*. Christ-Centered Exposition Commentary. Nashville: B&H, 2014.

Merritt, Jonathan. *Learning to Speak God from Scratch: Why Sacred Words Are Vanishing—and How We Can Revive Them*. Nueva York: Convergent, 2018.

Mulholland, M. Robert. *The Deeper Journey: The Spirituality of Discovering Your True Self*. Downers Grove, IL: IVP Books, 2016.

Nouwen, Henri J. M. *Home Tonight: Further Reflections on the Parable of the Prodigal Son*. Nueva York: Doubleday, 2009.

Palmer, Helen. *The Enneagram: Understanding Yourself and the Others in Your Life*. San Francisco: HarperCollins, 1991.

Riso, Don Richard. *Descubre tu perfil de personalidad en el eneagrama*. Bilbao: Desclée de Brouwer, 1997.

—————. *Cambia con el eneagrama: máximas y consejos para mejorar tu personalidad*. Bilbao: Mensajero, 2008.

Riso, Don Richard, con Russ Hudson. *Tipos de personalidad: el eneagrama como método de autodescubrimiento*. Santiago de Chile: Cuatro Vientos, 1993.

—————. *Comprendiendo el eneagrama: guía práctica de los tipos de personalidad*. Madrid: Palmyra, 2011.

—————. *La sabiduría del eneagrama*. Barcelona, Urano, 2017.

Rohr, Richard. *Eager to Love: The Alternative Way of Francis of Assisi*. Cincinnati: Franciscan Media, 2014.

Rohr, Richard, y Andreas Ebert. *The Enneagram: A Christian Perspective*. Nueva York: Crossroad, 2001.

Sherrill, AJ *Expansive: Stretching beyond Superficial Christianity*. N. p: CreateSpace, 2017.

Tolomeo, Diane, Pearl Gervais y Remi J. De Roo. *Biblical Characters and the Enneagram: Images of Transformation*. Victoria, BC: Newport Bay, 2002.

Willard, Dallas. *La gran omisión: recuperando las enseñanzas esenciales de Jesús en el discipulado*. Nashville, TN: HarperCollins Español, 2015.

————. *El espíritu de las disciplinas: ¿Cómo transforma Dios la vida?* Miami Fl: Editorial Vida, 2010.

Wright, N. T. *Después de creer: la formación del carácter cristiano.* Boadilla del Monte, Madrid: PPC, 2012.

————. «Why Christian Character Matters». En *All Things Hold Together in Christ: A Conversation on Faith, Science, and Virtue,* editado por James K. A. Smith y Michael Gulker, pp. 157-88. Grand Rapids: Baker Academic, 2018.

AJ Sherrill tiene décadas de experiencia en el ministerio pastoral en lugares que van desde las playas del sur de California hasta las calles de Nueva York. Actualmente reside en Grand Rapids, Michigan, donde vive con su esposa y su hija mientras sirve como pastor principal en la iglesia Mars Hill Bible Church. Tras obtener dos maestrías en Teología y un doctorado en el Seminario Teológico Fuller, dirige talleres en todo el mundo sobre el Eneagrama, la práctica contemplativa y el seguimiento de Jesús.

acerca del autor